JN439270

사람을 생각하며

사람을 생각하며

김년균 시집

계간문예

| 自序 |

나의 시에게

내가 세상에 올 때 기어이 따라오더니
겪어볼수록 쓸 만하여
너를 평생을 안방에 앉혀놓고 어루만진다.
가뭄에 비 내리고 창밖에 꽃이 피듯
너는 항상 어둔 세상을 밝게 하고
힘들고 고달픈 이의 마음을 달래준다.
외로울 땐 등을 기대는 벗이 되고
슬플 땐 위로하고 눈물을 닦아주며,
어쩌다 눈앞에 좋은 일이라도 생겨나
춤추고 싶도록 홍겨울 때는
하늘이 뚫리도록 북치고 장구치며
고단한 세상살이 잊으라고 재롱을 피운다.
보이지 않는 몸이라 남이 훔쳐갈 염려 없고
잡힐 수 없는 몸이라 아무리 거리를 떠돌며
소리친들 어느 누구도 손사래 치지 않으니,
시여, 너는 참 좋은 친구다.
먼 훗날, 저승까지 데리고 가서 동무하고 싶다.

이번에도 '사람' 에 관한 연작시입니다.
시집을 펴내준 '계간문예' 에 감사드립니다.

2015. 7. 30.

차례

제1부 길을 묻는다

제2부 울타리

제3부 텃세

제4부 너와 나의 거리

1 길을 묻는다

길을 묻는다

집만 나서면 길이다.
큰길 작은 길, 밝은 길 어둔 길,
하늘 길 땅 길,

문만 나서면 길이 넘친다.
가는 길,
오는 길,

내가 가야할 길은 어디일까?
저 많은 길 앞에 멍청히 서 있다.

*2015. 7. 6.

새의 말

새의 말은 시詩다.
새는 저 홀로 나뭇가지에 앉아
짹짹짹 째르르, 째르르 짹짹 하고
저만의 은어隱語로 시를 쓴다.

이승 밖을 엿보던 늙은 시인이
용케도 그 말을 알아듣고
머리에 옮겨 적는다.

세상은 아름다워라!
눈만 뜨면 즐거워라!

새의 말은 간결하고 진실한 시다.
시는 다시 즐거운 노래가 되어
저 높은 산의 몸통을 흔들고
저 많은 나무들의 가슴을 울린다.

시인은 어느덧 새가 부러워서,
걱정밖에 모르는 자신이 부끄러워서,
마음이 온통 빨갛게 탄다. *2014. 2. 22.

오늘

오늘보다 귀한 것은 없다.
내일은 항상 문밖에서 기다리지만
오늘은 다시 오지 않는다.

아침이면 눈앞에 서 있는 듯해도
다시 보면 별처럼 아득하여
오늘이 얼마나 크고 넓은지
짐작도 못한다.

거리엔 아직도 버려진 시간들이,
어제에 짓밟힌 서러운 목숨들이
숨도 못 쉬고 줄줄이 누워 있다.
허망한 바람이 사방을 휩쓴다.

오늘은 오직 하루밖에 없지만
돌아서면 어디로 갈까.
불 같은 화촉을 달고
얼마나 아름다운 곳을 찾을까.

돌아가서 머물 곳은 어디쯤일까.
아무리 그리워도 보이지 않고
천 년을 지새워도 만나지 못한다.

보라, 이제는 알아야 되느니,
오늘이 가면 한세상 다시 못 볼
가장 소중한 것이 떠나고,
하늘도 슬퍼하며 붉게 물든다.

*2015. 5. 7.

땅에서

이 광막한 곳을 땅이라 한다.
잠시 왔다 가는 곳만은 아닐 터다.
끝없는 하늘이 꼼짝 못하게 둘러싸 있어
주인의 허락 없인 함부로 오갈 수 없다.
저 높고 깊은 산과 바다가 넘을 수 없는
고개를 만들어 놓고 앞길을 막아선다.
그 아래 닥지닥지 나붙은 마을에서 오직
숨죽이며 살라 한다. 떠날 때까지.
위에선 구름과 바람이 귀중한 시간을 끌고 다니며
하루도 놓지 않고 저들의 행동을 감시하고,
걱정 많은 하늘은 아직도 마음을 놓지 못하고
해지는 저녁이면 서녘에다 얼굴을 붉힌다.
어디선 벌써 눈치 채고, 위로하려고 굿판을 벌인다.

누가 믿지 않으랴.
땅은 정녕 만물이 모인 곳이다.
가진 게 없이 빈손으로 들어서도
허리 굽히지 않고 맘 편히 시작할 수 있기에
오늘도 낯선 것들이 끊임없이 몰려든다.

땀 흘려 일하면 배부를 수 있기에
저들의 꿈은 더욱 부풀어 오른다.
짐승도 새도 나무도 꽃도 날개뿐인 벌과 나비도
심지언 지렁이와 벌레들도 한 식구가 되려고
온몸에 분 바르고 빈틈으로 끼어든다.

이보다 넉넉한 곳은 없으리라.
하늘에 없는 것도 이곳엔 널려 있다.
잘못된 것과 잘 된 것들이 다 모였기에
상시도 소란이 그칠 날 없지만,
싸우다 죽든 말든 저들의 일로 미루고
눈 질끈 감고 내버려둔다.
그러다 무엇을 깨달으라는 것일까.
하늘의 생각은 왜 이리 깊은 것일까.

이 신기한 곳에 내가 있다.
내가 잠시 머물고 있다.

*2015. 6. 30.

사람을 생각하며

낯선 꿈들이 천리 밖에서 밀려든다.
꿈이 너무 찬란하여 이루지 못할지라도
평생을 떠나지 않고 마음 곁에 머문다.
잠시도 지체할 수 없는 바쁜 시간들이
문밖에 첩첩하지만, 좀체 서두르지 않는다.
한갓 조급하거나 당황하지도 않는다.
시작도 끝도 없는 아득한 길을,
어디로 가는지도 모르는 길을,
뒤돌아보지도 않고 무작정 걷는다.
가는 길이 험해도 불평하지 않는다.
비바람에 넘어지면 무심코 일어서고
하늘에 매 맞고 쓰러져도 잠시 누웠다가
다시 일어나 제 자리로 돌아올 뿐,
제 몸에 돋아난 상처도 깨닫지 못한다.
이슥고 머나먼 하늘에 이를 때까지,
어둠에 휩싸인 길을, 찢기고 부서진 길을,
땅에서 자란 만물과 함께 손잡고 걷는다.
제 몸 속에 고요히 흐르는 조상들의 한숨과
할아버지, 아버지의 깊은 후회도 모르고,

그 뒤만 따를 생각에 깊은 잠도 못 자고,
아들과 손자와 대대손손이 이을 수레를 끈다.
길이 사납고 짐이 무거워 아무도 견디지 못한다.
가다가 지치면 어느 나무 그늘에 주저앉아
돈과 명예를 쌓아 주소서. 행복이 넘치게 하소서.
허황된 줄도 모르고, 때때로 허튼 마음 부풀어
버릇처럼 하늘에 머리 들고 통사정하지만,
그러다 깊은 물속에 빠지거나 막다른 길에 서면
용서해 주세요. 살려만 주세요.
지은 죄도 모르면서 두 손을 싹싹 빌며
한 가닥 실낱이라도 붙잡으려 발버둥치지만,
하늘은 이미 모른 척 등 돌려 버리고,
보이지 않는 메아리만 귓전에 뱅뱅 맴돈다.
보라. 이제 믿을 건 손 놓고 누울 때뿐이려니,
당신은 수고하라. 남은 시간 마칠 때까지.
다시 못 올 곳으로 영원히 떠날 때까지.

*2015. 7. 7.

사람의 조건
— 악한 이를 탓함

원죄의 멍에를 쓰고 온 탓일까.
어둠의 뜰에서 잠시도 떠나지 못한다.
허망한 생각은 항상 천 리 밖으로 흐르고
헛된 욕심은 억만 길 위에 층층이 탑을 쌓고
오욕칠정의 물결이 가슴에서 출렁거린다.
이름 좋은 사랑은 무서운 병이 되어
감기보다 더욱 자주 몸 속을 들랑거리며
몸을 불덩이같이 달아오르게 하고,
시기 질투 오만 탐욕, 험악한 죄의 권속들이
마음 속에서 한시도 떠나지 않는다.
행여 잠시라도 성자의 도리가 마음에 깨우쳐
반짝하고 섬광이 비친다 해도 금세 놓쳐버린다.
설령 손에 쥐어 있어도 무시하고 등 돌린다.
오늘은 돈을 얼마나 벌고, 내일은 무슨 자리를 얻고,
모레는 누구를 꾀어서 출세할지,
그런 궁리만 빠져 깊은 잠도 못 잔다.
바른 길은 좁고 그른 길은 넓다!
어둠을 헤치고 나온 해가 아침마다 깃발 들고
창밖에서 길을 비쳐주지만,

눈길도 안 준다. 그 길이 의롭고 귀중한 줄
알면서도 모른 척 눈감고 돌아선다.
보라, 너는 이제 하늘도 두렵지 않다.
하늘의 진노가 얼마나 큰지, 훗날 너에게
벌 받을 죄가 얼마나 될지, 그조차 헤아리지 않는다.
너는 오늘도 독불장군이 되어 뜬구름을 탄다.
부끄럽구나. 부끄럽구나.
만물의 영장이라고 자랑할 수가 없구나.

*2015. 1. 19.

너의 생에게

네가 핀 꽃은 정령精靈이다.
지상에 떠오른 귀중한 별이다.
해 뜨면 빛 고운 숲으로 벌 나비 날아들고
음습한 그늘엔 벌레들 몰려와 우글거리고
밤이면 새들이 숨어들어 꿈속을 휘젓는다.
어디 가나 비 오고 바람 불어
하루도 편한 날이 없지만,
삼라만상이 온통 네 곁에 모여든다.
멈출 줄 모르는 시간이 길을 잃고
어둠 속에 오롯이 빠져들면
먼 길을 비치려고 창 너머로 달이 뜬다.
안개같이 흐린 달이 앞날을 걱정하며
하늘 끝에 매달려 밤새껏 잠 못 든다.
기약 없는 일들이 처마 밑에 첩첩하다.
하지만 세월이 길면 얼마나 되랴.
어느 날 네가 홀연히 어디론지 떠나고
살아온 흔적마저 간데없이 사라져버리고
남은 자리에 풀잎 하나 돋지 않는다면
누가 지난날을 기억하며 뒤돌아보랴.

푸른 하늘은 오늘도 멀쩡히 떠있고
무심한 세월만 속절없이 흘러간다면
네 꽃은 어디서 또다시 별이 되랴.

*2015. 3. 12.

만성

착한 것들은 다 털어내 버린다.
새파란 하늘이 두렵지도 않은지.
예수님 부처님도 이젠 못 믿겠는지,
날마다 허송세월이 날아다니고
길마다 궂은일들이 활개 친다.

하루에도 골백 번은 비뚤어진 생각들이
싱싱한 얼굴로 저자거리를 떠돌지만,
알아도 모른 척 돌아보지 않는다.
마음이 부러져도 후회하지 않는다.

그렇게 사는 게 익숙해지고
그런 목숨이 너무 좋아서인지
무작정 시시덕거리며 살아간다.
그게 되레 진실인 줄 믿어버린다.

그래서일까?
하늘도 노여워서 못 참았을까?
요즘엔 걸핏하면 태풍 불고 천둥치며

어디서나 난리를 피운다.
멀쩡한 집이 느닷없이 무너지고
이름 모를 질병이 질풍같이 달려들어
살기 좋은 세상을 쑥대밭으로 만들어버린다.

모두 만성이 되었다.
누가 등에다 삿대질하며 개새끼, 쥐새끼,
소리치며 욕질을 해도
뒤 한 번 돌아다보지 않는다.

*2015. 7. 6.

시간의 놀이터

관심이 있는 것은 생명이 있다.
살아 있는 모든 존재는 관심의 눈과 귀를 달고
세상 곳곳을 기웃거린다.
허나, 쓸데없는 곳에 관심을 두면 이상하다.

세월의 한 자락을 잘라다 놓은 시간의 놀이터.
숨결도 형체도 없는 단지 허공일 뿐인데
뜬구름처럼 떠있는 허망한 공간일 뿐인데
무엇이 그리운지 사람들은 발 벗고 달려든다.

해지는 줄도 밤 깊은 줄도 모르고
줄줄이 몰려들어 위험한 소꿉놀이를 한다.
제 몸에 지닌 것 다 꺼내놓고,
손이나 발, 가슴, 심지어는 심장까지 꺼내놓고,
한심한 철부지 노릇을 한다.

머물면 머물수록 갈 길은 더욱 멀어지고
어쩌다간 푸줏간처럼 몸뚱이가 동강나기 일쑤인데,
그런 줄도 모르고 사람들은 멍청이가 되어

이곳에 찾아들어 춤추고 노래하며 미쳐서 날뛴다.
바쁜 일과 한가한 날을 가리지 않는다.

갈 길이 어디인지, 남은 일이 얼마나 되는지,
분간 못하는 사람들이 하릴없이 모여 앉아
야단법석을 떨며 아까운 세월만 날려 보낸다.
하루의 눈금이 손톱보다 작은 줄도 모르고
아직도 눈치 없이 살아간다.

*2014. 2. 9.

그림자

몸이 하나뿐인 줄 알지만
등 뒤엔 또 하나의 제 몸이 있다.
밝은 날이면 어김없이 뒤따라오고
어둠이 깃들면 어디로 갔는지,
아무도 몰래 감쪽같이 사라진다.

오늘도 그가 내 곁에 와 있다.
불로초를 먹지 않아도 늙을 줄 모르고
가는 길이 멀어도 쉴 줄 모르는
기이한 존재, 황당하다.
그를 다시 못 볼 것 같아 안심하면
어느새 뒤따라오고,
터놓고 이야기라도 나눌까 싶으면
벌써 알고 돌아서버린다.

지구 밖으로 떠난 친구인지도 모른다.
간밤의 꿈에도 그가 보였다.
생전엔 그리도 무정하더니, 웬일인가.
부모도 친구도 우정도 사랑도 다 버리고

오직 구름 같은 허영의 길만 쫓아다니더니,
그런 멍청이로 얼마 살지 못하더니,
그것이 천추의 한이 되어 되돌아왔을까.
다시는 그렇게 살고 싶지 않아서
이젠 착한 이를 따르는 그림자라도 되고 싶어서
이승의 험한 길을 헤쳐 되돌아왔을까.
손잡고 마주설 수 없으니 물을 수도 없다.

세상엔 항상 반목이 흐른다.
빛에는 어둠이 선에는 악이 그림자처럼
뒤따르며 반목의 혼을 기른다.
후회는 반목을 뉘우치는 사람의 몸에서 자란다.
후회를 못하면 그림자도 되지 못한다.

나는 오늘도 후회한다.
훗날 누군가의 그림자가 되기 위해
반목의 세상을 후회하며 떠돈다.

*2014. 1. 14.

삶의 길이

삶의 길이를 실재로 잰다면 얼마나 될까?
우주공간의 넓은 자로 잰다면,
또는 은하계나 태양계의 크나큰 자로 재거나
북극성이나 멀고먼 안드로메다에서 비치는
빛의 거창한 속도로 잰다면,
지구 가득한 사람에게 각기 맡겨진 제 몫의 삶을
희망에서 절망까지, 사랑에서 미움까지
몽땅 통틀어 잰다면, 과연 얼마나 될까?
1미리미터? 0.1미리미터? 아니면
0.01미리미터? 0.001미리미터?
너무 작아서 잴 수 있을까?
신의 손에는 잡힐 수 있을까?

잴 수 없고 잡을 수도 없는 삶의 길이,
이 허망한 길이를 두고 세상 사람들은
천 배 만 배로 부풀리며 큰소리친다.
사람들은 그만큼 오만하다.

삶의 길이는 없다. 모든 것은 한순간이다.

이승과 저승도 멀리 있지 않다.
눈뜨면 이승이요 눈감으면 저승이라고 한다.
그러니 하루에도 골백 번 오르내리는
이승과 저승의 간극, 그 미세한 공간을
조심히 살피며 살아갈 일이다.

우리가 안고 사는 기쁨과 슬픔도 곁에 있다.
기쁨은 가슴에 있고, 슬픔은 옆구리에 있다.

*2013. 12. 5.

피와 속성

이른 아침 해 뜨자마자
창밖으로 참새들이 날아와
한바탕 소란을 피운다.

화나서 서로 싸우기도 하고
흥겨워서 함께 춤추기도 하고
어느 땐 지나친 객기를 부리며
남의 울타리를 뛰어넘기도 하고,

한나절 실컷 놀다가 돌아갈 땐
동으로 서로 남으로 북으로
혹은 아무도 알 수 없는 곳으로
홀연히 날아가 버린다.

아무런 걱정도 두려움도 없이
훌쩍 떠나 버린다.

사람인들 그와 다르랴.
그들의 속성을 돌아보면

알 듯 모를 듯 아리송하다.

혹은 뜨겁고, 차갑고,
혹은 급하고, 느리고,
혹은 다정하고, 냉정하고
혹은 침착하고, 성급하고
짚어볼수록 현기증이 난다.

피의 속성은 이상하다.
언뜻 보면 똑같이 붉은색으로 보이지만
A, B, O, AB... 등 이름도 많고,
그들의 성질도 각기 다르다.

길에 나서면 어디서나 사람을 만난다.
허나 겪어보지 않으면
그들의 속성을 모른다.

*2014. 12. 24.

이름

사람은 각기 이름을 갖고 살지.
지금도 세상엔 70억 개의 이름이 있지.
그러니 사람은 동물이 아니지.
꿈과 이상을 가진 특별한 존재지.
오죽해야 하나님의 형상을 닮았다고 할까.
해와 달은 너를 위해 뜨고 지고
모든 짐승은 네 앞에서 무릎을 꿇지.
너는 오로지 천년같이 긴 꿈을 안고
감당할 수 없는 이상을 가슴에 가득 품고
땀 흘리고 피 흘리고 넘어지고 부서지고,
때론 허공에 헛발질하며 방탕하기도 하지.
너무 혹사하여 백년밖에 못 살지.
그러나 자존심은 굽히지 않고
자자손손 꿋꿋이 이름을 물려주지.
사람들아, 잊지 말고 기억하게나.
네가 얼마나 장한 존재인가를.
네 이름이 얼마나 아름다운가를.
이런 존재는 오직 당신밖에 없지.

*2015. 7. 18.

개성

기계는 항상 정밀해야 한다.
주인이 시키는 대로
한 치의 오차도 없어야 한다.

허나, 그것만이 바른 것은 아니다.
같은 길에도 큰 길과 작은 길이 있고,
같은 나무에도 큰 열매와 작은 열매가 열려 있듯이
모두가 제 갈 길이 다르고,
그 다른 길에서 꿈은 더욱 크게 자란다.

그러기에 사람도 서로 다른 모습으로 살려고,
혹은 산을 오르고,
혹은 강을 건너고,
혹은 바다로 떠난다.

모두가 제각기 다른 존재가 되어
활짝 피고, 지고자 한다.

*2015. 2. 4.

말에 관하여

말 하라고 입 가진 것은 맞는데요,
말조심 않고 살자면 망신당하기 일쑤죠.
말에도 할 말과 못할 말이 따로 있고,
고운 말, 미운 말, 참말, 거짓말, 쓴 말, 구린 말,
섭섭한 말, 추잡한 말, 간사한 말, 기쁜 말, 슬픈 말,
살펴보면 너무 많아 놀랍고 어리둥절하기만 하죠.
그런 말들이 문밖에 나서면 마을이나 산, 들, 강, 바다,
어느 곳이든 풀이나 돌처럼 지천으로 널려 있는데요,
그 많은 말을 다 가려 쓸 수는 없겠지만, 그래도
더 큰 일을 당하지 않으려면 조심할 수밖에 없죠.
말 잘하여 출세한 사람이 있긴 하지만, 그보다
말 한 마디 잘못하여 보따리 싸들고 하루아침에
세상 밖으로 쫓겨난 사람, 말 한 마디 실수하여
천길 절벽 아래로 떨어져 패가망신한 사람 참 많죠.
별스럽지 않아 보이는 말 때문에 원수지간이 되고,
그까짓 말 때문에 평생 쌓아올린 탑이 무너지고,
말 때문에 남에게 손가락질 당하며 외롭게 살다가
죽어서 무덤까지 편치 않은 사람 수두룩하죠.
입은 분명 말을 하라고 얼굴에 달린 게 맞지만,

먹기 위해서 달렸다는 사실도 기억해야 해요.
잘 먹고 튼튼하기 위해선 입보다 중요한 건 없죠.
그렇다고 말 못하는 벙어리로 살자면 불편할 거고,
어쨌든 말만 조심하면 별 탈이 없을 텐데요, 그게 쉽나요.
그놈의 입이란 게 항상 방정맞고 주전머리 없고,
잠시도 근질근질하여 참지 못하죠.
장마에 소나기 오듯 시도 때도 없이 불쑥불쑥 튀어나와
걸핏하면 남의 등에 칼 꽂고 침 뱉는 건 일이 아니죠.
할 말 못할 말 가리지 않고 두서없이 지껄여대어
심지언 세상까지 발칵 뒤집어놓아야 속이 시원한 걸요.
하지만 타고난 성질인데 어쩌겠어요, 물러서야죠.
말 많은 사람 만나거든 귀 막고 등 돌리고, 돌아서야죠.

*2014. 6. 23.

일과에 관하여

태어났으니, 당연하다.

천하고 귀한 일이 어디 있으랴.
몸 두고 사는 것도 넘치는 기쁨인데
딴 욕심 부리며 건방진 생각은 말 일이다.
일과는 목숨을 지키는 거룩한 여정,
해 뜨면 누구든 시작된다.
살아서 눈뜨고 숨 쉬는 동안
일과가 문 앞에 첩첩이 쌓인다.
행여 일을 잊고 빈둥거리는 자 있다면
그만큼 소중한 시간을 흘려 보낸 까닭에
아까운 몸이 병들고 썩어 간다.

일과엔 꿈이 있고 희망이 있다.

높고 낮은 일이 어디 있으랴.
하루는 항상 아침과 저녁이 지나고
시간은 누구에게든 공평하게 돌아간다.
살아 있는 자들은 똑같이 일을 한다.

하는 일이 더러는 힘겹고 괴롭더라도
제 몫이므로 남이 간섭할 일 아니다.
산이나 들에 널려진 짐승이나 새들도
심지어 나무나 풀들도 저 사는 동안
비바람 꿋꿋이 견디며 꽃피고 열매 맺는
제 일과를 위해 몸 바친다.

살아 있으니, 당연하다.

*2014. 7. 24.

시간과 더불어

시간을 데리고 산다.
보이지 않는 시간을 곁에 두고
날마다 같이 놀고 같이 잠잔다.

시간의 살과 뼈, 눈과 귀, 발, 머리,
시간의 어둡고 빛나는 모든 것들을
다 불러놓고 즐겁게 소꿉놀이를 한다.

귀해도 귀한 줄 모르고
비틀고, 꺾고, 부수고, 부러뜨리고,
숨 돌릴 틈도 주지 않고
시간을 마구 괴롭힌다.

시간은 금이다! 하고,
누군가 밖에서 외치는 소리 들려도
귀 밖에 흘려버리고,
시간을 비호하는 피켓을 들고
늙은 할아버지가 백발을 휘날리며
새벽부터 문 앞에서 기다려도

외면해 버린다.

세상도 어느덧 의심만 가득차서
시간을 믿는 사람은 없고,
비웃는 자만이 거리에 널려 있다.
시간의 위상이 벌써 땅에 묻혔다.

그래서 마침내 화났을까.
이젠 시간이 되레 사람을 괴롭힌다.
시간이 이성을 잃고 이상한 짓을 한다.

시간이 사람의 길을 막고 서서
걸핏하면 천둥치고 벼락치고
걸핏하면 전염병 옮기고,
기차를 넘어뜨리고, 배를 침몰시키고,
하늘에 뜬 비행기도 떨어뜨린다.

시간은 본디 귀신보다 빠르다.
한순간에도 이승과 저승을 넘나든다.

시간을 우습게 알면 곤란하다.
그 앞에 엎드려 넙죽 절하고
다시는 실수 없이 살아갈 일이다.

*2015. 6. 8.

안경

눈이 나빠서 내 눈을 대신해 주던 안경이
어느 날 갑자기 어디론지 사라졌다.
평생을 남의 눈 행세만 하려니 괴로웠을까.
잠시도 쉬지 않고 눈을 닦으려니 지쳤을까.
손발도 없는 안경이 이윽고 큰일을 냈다.
산 너머 강 건너 천리 밖으로 달아났는지
죽어도 돌아오지 않으려고 작심을 했는지
안경은 흔적조차 보이지 않는다.
이제 그를 기다리는 것은 헛된 일이다.
안경은 이미 먼 길을 떠나 어디쯤에서
눈 먼 사람의 구둣발에 짓밟히거나
거친 바람의 손에 휘둘려 날아갔거나
산산이 부서져 흩어졌을지도 모른다.
다시는 못 올 것을 기다리느니 차라리
내가 눈감고 사는 게 나을 것 같다.
살아서 욕심 없으면 꿈의 문이 열리고
죽어서 욕심 없으면 천국 문이 열린다는데,
그게 사실이라면, 나는 안경 없이
눈 감고도 살아갈 자신을 길러야겠다.

*2013. 6. 24.

잠

간밤엔 늦도록 잤는데
아침에 다시 졸았다.

숨 가쁜 세월을 등지고
마을 언덕에 오르면
해 떨어지는 길이 보이고,

허둥지둥 사는 일에 지쳐
일찍 잠자리에 들면
하늘나라를 수시로 구경한다.

숨 쉴 때 만나자는 것일까.
남은 세월 손잡고 가려고
잠깨어라, 잠깨어라,
간절히 타이르려는 것일까.

창밖엔 뜬눈으로 지새운 달이
오늘도 문밖에서 기다린다.

*2015. 7. 1.

2
울타리

마음이 고운 꽃

마음이 고운 것과 얼굴이 예쁜 것은 다르다.
겉과 속이 다른 게 세상의 이치인데
그걸 분별 못하면 안 된다.
얼굴만 예쁘고 마음은 다르다면 큰일이다.
사람들은 마음보다 얼굴에 먼저 눈길을 준다.
그것이 빌미가 되어 세상이 뒤집히기도 한다.
혹은 멀쩡한 집이 날아가고,
혹은 멀쩡한 몸이 넘어지고,
혹은 멀쩡한 길이 무너져서,
세상이 하루아침에 난장판이 되기도 한다.
마음이 고운 것인지 얼굴만 예쁜 것인지
분별할 줄 아는 일이 중요하다.
마음이 고운 꽃은 어느 꽃보다 아름답다.
그 꽃은 좀체 밖으로 얼굴을 드러내지 않는다.
하지만 그 꽃은 바라보지 않아도 아름답고
멀리 떨어져 있어도 향기가 진동하고,
해맑은 하늘보다 진실하다.
거센 바람이 불어와도 넘어지지 않고
아무리 흉악한 짐승을 만나더라도

겁내지 않고, 기어이 살아남아
의로운 당신 곁을 서성인다.
외롭고 힘겨운 당신을 위로하고
잃었던 희망을 되찾아주려고 기다린다.
마음이 고운 꽃은 귀중한 꽃이다,
모두가 갖고 싶은 생명의 꽃이다.

*2013. 9. 22.

진실 앞에서

네가 무엇이고 어디 있는지,
평생을 두고 돌아보았지만
등 뒤에 숨은 줄 몰랐구나.

나는 너를 한 치도 모르지만,
너는 나를 발밑까지 환히 알고도 모른 척
무지한 내 곁에 머물었구나.

네가 가까이 있는 줄도 모르고
나는 무심한 세월만 짓밟으며
허둥지둥 지내다가,
다친 몸 일으키기 힘들 때에야
비로소 깨닫는구나.

길마다 흐드러진 네 꽃도
천리에 뻗친 네 향기도
여직 모르고 살았구나.
한 뼘밖에 안 남은 천금 같은 시간
그 위에 서리는 황홀한 꿈,

어찌해야 할지 걱정이구나.

입때껏 견뎌온 내 목숨이
무렴하구나.
정녕 무렴하구나.

*2013. 9. 1.

마음이 바르면

마음이 바르면 세상이 즐겁다.

문 밖에 날이 흐려도
모진 비바람이 몰아쳐도
먹을 때를 놓쳐도
돌밭에 넘어져도
외나무다리에서 원수를 만나
몸이 거꾸러져도

하늘에서 해 떨어지고
산에서 꽃이 지고
짐작도 못한 곳에서
호랑이 늑대가 나타나도
모진 세월에 멱살 잡혀
남은 시간이 없어도

마음이 바르면 사는 게 즐겁다.

만날 사람을 못 만나면

밤새워 기다리고,
만날 시간이 지나가면
다음 시간을 기다린다.

*2015. 2. 3.

종소리

살아 숨 쉬는 것들은 다 운다.
거친 숨결 속에 무엇인가 숨기며
시도 때도 없이 서럽게 운다.

학교에 가면 공부가 어렵다고 울고
직장에 가면 진급이 힘들다고 울고
시장에 가면 물가가 오른다고 울고
병원에 가면 몸이 아프다고 운다.

하지만 종이여, 너는 다르게 운다.
너를 위해 울지 않고, 남을 위해서 운다.
어둔 세상을 밝히기 위해서,
잠든 사람을 깨우기 위해서,
무슨 소식을 전하고 싶어 운다.

길을 조심하라고 울고,
마음을 바르게 하라고 울고,
희망을 놓지 말라고 울고,
하늘을 바라보라고 운다.

때려라! 자꾸 때려라!
온몸이 피투성이가 될 때까지.
그 소리가 너와 나의 심장을 뚫고
세상을 환히 밝힐 때까지.

살아도 살아 있지 못하고
허망한 길만 좇아 가는
가엾은 사람들의 텅 빈 가슴에
좋은 깨달음을 주려고 운다.

*2013. 9. 13.

꽃을 말하다

올해도 이렇게 산다.
젖은 땅 소란한 시간 속으로
고요히 길을 내고,
약속도 없는 약속을 지킨다.
어제까지도 숨차게 뒤따르던
방탕한 이웃들을 문밖으로 내쫓아버리고
순하고 착한 날 받아
빛나는 얼굴 들며 활짝 웃는다.
진한 향기도 내뿜는다.
이담에 여기서 다시 열매 맺거든
달콤한 속살도 먹어보아라.
신기하여도 놀라지 마라.

평생을 이렇게 산다.
세월과 동무하니 늙지 않는다.
행여나 내 모습이 그립거든
너도 이담에 여기로 오라.

*2015. 4. 28.

자격

세상이란 봄날처럼 따스해야 되는데
요즘은 뜬금없이 한파가 몰아친 듯
오가는 길들이 꽁꽁 얼어버렸다.

문밖은 그립고 정겨워야 하는데
그런 곳은 보이지 않고,
바람 든 풍선만이 둥둥 떠 있다.

하늘에는 흐릿한 별.
땅에는 허망한 풍선.
마음에는 실없는 꿈.

돌아가는 세상이나
살아가는 사람이나
모두 길을 잃었다.

그런 줄도 모르고,
거리만 휘젓고 다닌다면
어느 누가 손들고 반겨주랴. *2014. 12. 21.

하루하루

하루하루가 간다.
걱정이 쌓여 머리 숙이고
허영이 넘쳐 가슴 졸이며
하루하루가 지체 없이 간다.

구름 따라 바람 따라 간다.
강물 따라 냇물 따라 간다.
세월의 손아귀에 붙들려
어딘가로 힘없이 끌려간다.

어제가 오늘에 밀려오고
오늘이 내일로 떠밀려간다.

사람은 각기 다르지만,
똑같은 모양의 시간 속에서
바쁘게만 지내다가,
어느 날 문득
아무도 모르는 곳으로 떠나간다.

아버지 어머니,
형님 누나,
아들 손자,
모두가 지내온 나날,

해 지면 달뜨고 달 지면 해뜨는
자연의 순리를 따라서,
아무도 거역할 수 없는
하늘의 섭리를 따라서,

가면 오고 오면 가는 곳으로
하루하루가 간다.
수레바퀴를 타고 빙빙 돌며 간다.

나는 하루하루를 놓지 않고 꿈꾼다.

*2013. 7. 18.

거짓말하는 시간

시간은 거짓말을 잘한다.
머리가 희도록 살아온 내 생애를 돌아보면
그에게 속아온 시간이 얼마나 많은지 모른다.
한가할 땐 한없이 길고,
바쁠 땐 덧없이 짧고,
짧았다, 길었다, 빨랐다, 느렸다,
종잡을 수 없는 시간의 유희에 빠져
나는 덩달아 춤추며 살아왔다.

하늘이 물빛처럼 맑은 어느 날,
마음이 닮은 친구가 상을 받는다 하여
새벽부터 길을 나선다.
예전 일이 떠올라 여유를 두고 나섰지만
또 시간에 속아 두 식경이나 앞서 도착한다.
남은 시간이 창피하여 햄버거 집에 몸을 돌려
남의 땅에서 온 햄버거를 씹고 콜라를 마시고,
그래도 시간이 남자, 나무들이 모인 공원에 간다.
나무그늘에 앉아 정신없이 몰려다니는 차들과
갈 곳 없어 서성이는 사람들을 바라보며

한참을 보냈지만, 아직도 시간이 남는다.
시간아, 나오거라, 당장 멱살잡고 넘어뜨리고 싶지만
그놈은 얼굴조차 보이지 않는다.

오늘도 시간이 나를 속인다.
빨라도 너무 빨라, 천년도 한순간이라는 거짓말을
억년도 넘게 살아온 그가 왜 하는지 모른다.
평생을 겪어온 나로서도 그 뜻을 짐작할 수 없다.
이젠 시간에 속지 않고 싶은데 안 된다.
시간은 언제나 누웠다, 앉았다, 일어섰다,
남의 눈치 보지 않고, 제 하고 싶은 대로만 살아간다.
제가 좋으면 화살을 거꾸로 쏴도 과녁에 맞는가 하면
싫으면 과녁 앞에서도 화살이 딴 데로 비껴간다.
시간은 이처럼 놀라운 재주도 부린다.
시간이 왜 이리 비뚤어지고, 거짓말을 잘하는지,
시간의 뒤를 캐고 싶지 않지만,
그럴 수 있을지, 나로선 장담할 수 없다.

*2013. 9. 9.

울타리

사람을 지킬 울타리는 없다.

사람은 누구나 주변에 울타리를 친다. 높고 큰 울타리일수록 자신을 더욱 지켜 주리라 믿는다. 위론 천년만년 지나도 변하지 않을 하늘과 땅이 있고, 아래론 산과 바다와 강과 숲과 나무와 꽃과 새와 짐승과, 바람과 구름과 더불어 소문만 무성할 뿐 보이지 않는 것까지, 모두가 자신을 지켜 주는 울타리가 되리라 믿는다. 그를 위해 해 뜨면 해 보고 달뜨면 달 보며 온갖 정성을 다한다. 하지만 어느 것도 울타리가 되지는 못한다. 하늘은 아직도 할 일이 많아 나들이 가서 딴 곳에 있고, 허리 굽은 땅은 늙어 지쳐서 아무 곳에나 드러누워 있고, 산과 바다와 강은 구경꾼이나 기다리며 한적한 곳에 주저앉아 있고, 바람과 구름은 하릴없이 세상 주변만 빙빙 떠돌아다니고, 새와 짐승은 제 목숨이 두려워 산기슭 어디로 숨거나 날아가 버리고, 숲과 나무도 눈치 없이 철따라 잎과 꽃을 하염없이 피고 지며, 심심하면 먼 곳에서 벌 나비를 불러내어 숨바꼭질을 하고 있다. 아무것도 자신을 지켜주는 울타리가 되지 못한다. 남은 건 사람인데, 그들도 이상하다. 친구, 친척, 이웃, 동료, 다 끌어 모아 군중을 만들고, 오가는 길마다 진수성찬을 차려놓고 잔치를 벌여 본들, 모두가 입 닦고 돌아설 뿐 울타리가 되지 못한다. 어떤 자는 늙어서 바쁜 세월에 쫓겨 떠나고, 어떤 자는 젊어서 혈기 왕성한 탓에 넘어지고, 어떤 자는 마음은 있어도 사정이 있어 달아나고, 다들 이유를 달고 어디로 사라져버린다. 사람을 지키는 울타리는 애초부터 없다. 언제나 벌판이 있을 뿐이다.

그래도 날마다 태양은 뜬다.

*2014. 1. 12.

시간의 의미

귀한 길을 가려면 긴 시간이 필요하다.
빛나는 길을 가려면
더욱 시간이 필요하다.

시간은 언제나 남의 편에 서지 않는다.
시간은 어느 누구도 돌아보지 않고,
저만의 길을 향해 묵묵히 걸어간다.

지혜로운 자는 그를 놓치지 않는다.
그의 등에 올라 목마를 타기도 하고
그의 품속에 들어가 살을 만지기도 하며,
그의 가치를 깨닫고,
그의 의미를 되새긴다.

꿈이 이루어지지 않는다고
하늘을 탓하는 자,
몸을 기댈 언덕이 없다고
조상을 원망하는 자,

그런 자는 미련한 사람이다.
살아갈 자신이 없는 사람이다.

*2015. 2. 14.

기다림

나는 항상 기다린다.
보이지 않은 너를 기다리고,
만날 수 없는 너를 기다린다.

어디에 숨었을까.
무정한 세월의 등 뒤에나
떠도는 바람의 품속에나
날아다니는 새의 깃털에나
지나간 길목 어느 모퉁이에 숨었을까.
아직껏 얼굴 한 번 내밀지 않는다.

혹은 길이 없는 길을 따라
혹은 정처 없는 구름 따라
혹은 끝도 없는 강물 따라
혹은 목숨 없는 돌을 따라
모두가 속절없이 흘러갔을까.
다시는 돌아오지 않는다.

기다림은 어디나 널려 있지만

소문만은 세상바닥에 가득하지만,
만날 수도 붙잡을 수도 없다.
무슨 생각을 하는지, 어떻게 생겼는지,
짐작도 할 수 없다.

그래도 나는 기다린다.
만날 수 없는 너를 기다린다.
붙들 수 없는 너를 기다린다.

*2014. 11. 26.

천국
— 지구에서

맨 처음 하나님 뜻으로 이루었다.
그때 아담을 조상으로 두었다.

세상이 잘못 변하여
오가는 길은 벌써 소란해지고,
어둠을 뒤쫓는 간교한 세월과
살상을 일삼는 흉악한 무기와
정의를 짓밟는 온갖 불의가
어느덧 세상을 휘덮고 있지만,

그래도 천국이다.
몸속의 세포처럼 가득히 번진
억만 가지의 존재들이
아직도 꿈꾸며
하늘 안에서 날아다닌다.

하늘 밖의 우주에선
모래알보다 많은 별들이 우주 끝에 매달려
제 몸을 불태우며

화려한 쇼를 연출하고,
그들이 전한 신기한 전설과
믿을 수 없는 불가사의는
보이지 않는 진실이 되어
땅 위에 가득 넘쳐난다.

아담의 자손이여,
모두가 너를 위해 존재하느니,
꿈에도 의심하지 마라.

이곳이 바로 천국이다.
이 신비한 곳에 우리가 사느니,
이보다 큰 행복이 어디 있으랴.

*2015. 1. 25.

눈과 마음

따스한 봄날,
산이나 들에서 나부끼는 나무나 꽃들이
제 모습대로 파랗고 빨갛게 보인다면,
그건 마음 때문이 아니다.
정직한 눈 때문이다.

하지만 나뭇가지에 앉은 참새나 뱁새가
엉뚱한 두루미나 학으로 보인다면
그건 눈 탓이 아니다.
교활한 마음 탓이다.

눈은 언제나 밝고 정직하지만
마음은 줄곧 교활하고 허황하게 부풀어 오른다.
눈은 평생을 한 곳에 갇혀 있지만
마음은 풍선을 달고 드높은 하늘만 떠돈다.

나는 오늘도 신기한 일을 본다.
눈은 아무리 애써도 십리 밖을 알 수 없지만
마음은 천리 밖을 금방 알아차린다.

눈은 마음보다 작아도 마음보다 밝다.
눈에는 초점이 있기 때문이다.
마음은 눈보다 크지만 눈보다 어둡다.
마음엔 생각이 있기 때문이다.
그것을 깨닫는 일이 중요하다.

사람은 늘 보이는 것과 보이지 않는 경계를 지난다.
눈과 마음의 두 길을 걷는다.

*2014. 3. 23.

버릇
— 울고 웃다

울고 웃는 버릇은 살아 있음의 증표다.
뻐꾸기는 산속에서 뻐꾹뻐꾹 울고
기러기는 먼 길 가며 끼룩끼룩 울고
참새는 창밖에 모여 짹짹거리며 운다.
날 줄 알면서 울지 않는 새도 있을까.

날지 못하는 짐승도 덩달아 운다.
개는 마당 앞에서 집을 지키며 울고
소는 외양간에서 엄마아빠를 부르며 울고
염소는 논두렁 밭두렁에서 심술을 부리며 운다.
날 수 없는 신세가 서러워서일까,
그들은 울 줄만 알지 웃을 줄은 모른다.

웃을 줄만 아는 것은 나무의 꽃이다.
무슨 꽃이든 웃지 않는 꽃은 없다.
장미나 모란 또는 튤립이나 국화꽃처럼
비싸게 팔리기 위해 웃는 꽃도 있지만,
산기슭이나 남의 집 울타리 아래 숨어서
저 홀로 쓸쓸히 웃는 꽃도 있다.

그래도 꽃은 웃기 위하여 핀다.

하지만 어째서인지, 사람은 다르다.
아침은 웃고 저녁은 울고, 시도 때도 없이
당기는 기분에 따라 웃고 울기를 반복한다.
오직 울고 웃기에 하루해가 짧다.
그러다 지쳐서 세상길조차 버리는 날엔
눈물만 하늘에 훔쳐갔다가
깊은 밤이면 살며시 이슬비로 내린다.

*2015. 4. 6.

잔소리

— 말을 경계함

1.

말쟁이들이 만든 요란한 말들이
벌레가 되어,
서재의 귀한 책들을 갉아먹는다.

입 다문 사람들의 입에선
연신 신음소리가 나고,
선비가 떠나간 마을의 빈터에선
소문만 무성한 말들이 들끓는다.

이런 날이면 햇빛에 그늘치고
잠이나 실컷 자야 할 일이다.
잠은 침묵을 기르는 공원이려니
이보다 좋은 일이 있으랴.

2.

말을 가리지 않으면 돌이나 풀을 면치 못한다.

거친 땅이나 음습한 곳에
하릴없이 굴러다니는 돌, 또는
꺾어도 짓밟아도 돋아나는 풀,
이런 곳을 서성이다 보면
멀쩡한 몸은 어느덧 사라지고
찢어진 옷깃만이 서럽게 남아
장대 끝에 매달려서 펄럭거린다.

잠시만 못 참아도 봉변을 당한다.
한여름 느닷없이 쏟아진 폭우나
처마 밑에 찾아든 어둠처럼
근심과 불안이 멈추지 않는다.
말이 말 같지 않은 세상에서
허황한 말이 얼굴에 분칠하고,
누구든 속지 않을 수 없도록
짙은 향수를 뿌린다.

말의 앞뒤를 분별하지 못하는 자,
말의 유행과 사치에 넋을 빼앗긴 자,

말의 허영에 들떠 신기루를 찾는 자,
하루도 못가서 주저 앉으리니,
필경 말라깽이나 쭉정이가 되고 말리라.
이 같은 불행을 막으려거든
묵묵히 앞길만 바라볼 일이다.
희망은 그 자리에서 싹이 튼다.

*2013. 8. 3.

아름다운 소멸

내가 세상에 오기도 전에 저승으로 가신
할머니의 묘지를 곱게 단장해 보려고
조심하며 파헤쳐 보니,
아무것도 남지 않았다.

찾아보면 어디에 숨어 있을 법한
뼈마디 하나 없고,
애초의 흙만이 층층이 둘러싸여 있다.

내가 생전에 만나지는 못했지만,
손자를 무던히도 애태우며 기다리다
세월에 쫓겨 할 수 없이 떠나셨던 할머니,
그분은 얼마나 예쁘셨을까.

저승에 가시자마자
손자를 서둘러 이승에 보내놓고,
남은 걱정 훨훨 털어버리셨는지,
이제는 흔적조차 깨끗이 지우셨다.
이승과의 끈을 완전히 놓으셨다. *2014. 4. 3.

무명초

— 예림에게

저만이 사랑받고 싶어서인지
어리광을 잘 피운다.
인정이 넘쳐서인지
눈물을 가슴에 담고 산다.

문 밖의 어디에 밀쳐두어도
불평 한 마디 없이,
혼자서 놀고 싶으면 놀고
자고 싶으면 잔다.
심성이 물같이 맑다.

손톱만한 꽃잎이 몽실몽실 엉겨 붙은
가녀린 꽃을, 이름 모를 이 꽃을,
줄무늬가 선명한 잎들이
줄기차게 둘러싸며 보호한다.

작은 생명이 갸륵하다.
몸에서 향기가 넘쳐난다.
이 귀한 꽃을 내려 준

하늘에 감사한다.

이젠 들로 나가 너른 곳을 찾아야겠다.
햇빛도 오롯이 스며든 그곳에 옮겨 심어
큰 나무로 만들어야겠다.

*2013. 9. 8.

코스모스
— 서연에게

코스모스, 너를 보니 가을이 왔나 보다.
어디 가나 오곡이 풍성하여 배부른 시절인데
너는 아직도 몸이 흔들리는 걸 보면
약한 게 천생 타고난 체질인가 보다.
줄기나 꽃대가 힘없는 철사처럼 가늘지만
꽃대궁엔 하양, 분홍, 자주, 보라, 밝고 맑은 꽃들이
노란 꽃술을 가슴에 품고 손톱 같은 꽃잎을
빙 둘러 공손히 펼쳐든 걸 보면
네가 지닌 성품이 무던히도 밝은가 보다.
그렇지! 한세상 곱게 사는 거지!
무슨 일이든 고개를 끄덕이고 손들며 속삭이고,
누구를 만나든 반가워하며 정답게 인사한다.

코스모스, 너를 보니 내 손녀 서연이가 떠오른다.
몸은 조금 약해 보여도 마음은 아주 튼튼하고,
생각 또한 똑 소리가 나도록 넓고 깊고 영리하고,
랄랄랄 랄랄랄, 즐거울 땐 목청 높여 노래도 잘 부른다.
가녀린 몸을 하늘하늘 흔들며, 신나게 춤을 출 땐
누구든 천상에 오른 듯이 박수치며 열광한다.

이 착하고 예쁜 너를 만난 것이 더없는 행운이요
행복인 것을 나는 벌써부터 깨닫고 있구나.
너로 하여금 나의 삶이 더욱 살찌고 풍요롭구나.
내 너를 위해 널따란 세상 언덕에 비를 세우나니,
너의 꿈이여! 아름답고 향기로운 꿈이여!
부디 하늘에 높이 떠서 세상을 환히 비추어라!

*2013. 9. 14.

오늘과 내일

오늘과 내일은 서로 다르다.
오늘은 너와 내가 오는 길이고
내일은 너와 내가 가는 길이다.
눈만 크게 뜨면 금방
삼척동자도 알 수 있는 일이다.
이쪽과 저쪽,
보이지 않는 길에선 날마다
오가는 사람들로 붐빈다.
구름 타고 새벽길을 달려오는 사람,
다리를 절뚝이며
밤길을 힘겹게 걸어가는 사람,
길은 언제나 그들로 넘친다.
보아라,
오늘과 내일은 분명 다르다.
오늘은 오늘의 길이 있고
내일은 내일의 길이 있다.
오늘을 내일로 미룬다면
남겨진 꿈조차 빼앗겨 버린다.

*2013. 8. 30.

3
텃세

집밥 · 1

밤의 꿈속마저 걱정에 넘치다가
눈뜨면 새벽부터 달려가는
풀숲 우거진 논밭,
남은 목숨을 그곳에 걸었던 것은
오로지 밥 때문이다.
집에서 가족들이 오순도순 마주 앉아
즐겁게 먹던 그 밥은
생명을 지키는 보루였다.

밥은 그만큼 중요한 것이지만,
요즘은 사정이 달라졌다.
외식문화의 덫에 걸린 것일까,
남의 것에 홀린 자들이 잽싸게 늘고
그들이 깃발을 들자,
집은 어느새 잠자는 곳으로만 전락해 버렸다.
낯선 손이 만든 새콤달콤한 맛에 취하여
혼마저 빼앗긴 자들이 거리를 활개치고,
그를 유혹하는 간판들이 사방에 널려 있다.

집에서 아내가 정겨운 손으로 지은 밥은
이젠 자랑거리가 아니다.
오가는 세월에 눈치 빠른 사람들은
그것을 집밥이라고 희롱한다.

*2014. 3. 15.

집밥 · 2

집밥이 차츰 자취를 감춘다.
내 집에 있는 듯해도 없고, 남의 집에도 없고,
손 내밀면 잡힐 듯해도 잡히지 않는다.
아랫목에 따뜻한 밥그릇 묻어두던 때나
냉수에 밥 말아서 뼛속까지 시원하던 때는
다시 볼 수 없는 시절로 돌아선다.

온 식구가 한 밥상에 오순도순 둘러 앉아
숟가락으로 장단을 맞추던 시대는 물러가고
집 밖에 나가 외식을 즐기는 시대가 온다.
마음을 홀리는 낯선 음식들이 거리마다
화장하고 멋을 내며 손님 맞을 준비를 한다.

언뜻 보기엔 촌스럽지만, 다시 보면 정겹고
처음엔 떫은 듯해도, 씹을수록 혀끝에 당기고
길어도 느끼하지 않고, 깊은 맛이 솔솔 돋고
똑같은 밥이어도 먹을 때마다 맛이 다르고,
아무리 먹어도 질리지 않고, 역겹지 않고,
시골집 외할머니처럼 포근하기만 하던 집밥,

그것이 쉽게 손에 잡히지 않는다.
아내도 손 씻고 주방을 떠나려 한다.

집밥이 요즘 곁에서 사라진다.
모양마저 신기한 외래 음식에 밀려난다.
집은 이제 잠이나 자는 곳으로 전락해 버린다.

*2014. 9. 22.

가슴의 무덤

무덤은 끝이 아니다.
살아 있는 자가 뒤돌아보는
희망의 원천이다.

하지만 그도 세월이 넘쳐나면
그리움도 잊혀지고, 서러움이 몰려든다.
잔인한 풀에 짓밟혀버린다 해도
갈 길이 먼 사람들은 앞길을 물리치고
돌아서지 못한다.

내 어머니 무덤인들 다르랴.
차라리 그 무덤을 내 가슴속에
옮겨놓기로 마음을 바꾸자,
하늘도 놀란 듯 눈을 크게 뜬다.

친구여, 이젠 내 가슴속에
어머니의 무덤이 있는 줄 알아라.
평생을 나를 위해 살다 가신
내 어머니가 함께 계시니,

세상이 험한들 무엇이 두려우랴.

이 무덤엔 오직 풀 하나 돋지 않고
따스한 기온 속에 오롯이 서서
향기로운 꽃잎만 펄럭이느니.
나를 만나거든 안부 물어라.

*2014. 3. 17.

관절 유감

모든 것의 사이엔 약간의 틈이 있다.
관절關節 또는 간절間節이다.

밖으론 보이지 않지만, 그게 없으면
이쪽과 저쪽이 마주하지 못하고
잠시도 손잡을 수 없다.

아무리 바빠도 그곳을 넘지 못하면
밤이 지나도 아침을 맞지 못하고
봄이 가도 여름이 오지 않는다.
저 넓은 강과 바다도 서로 만나지 못한다.
어머니와 아버지도 사랑하지 못한다.

그래서 절대로 소중하지만,
몸이 너무 연약하고 소문조차 나빠져서
아침부터 어슬렁어슬렁 걱정이 다가온다.
조심하라, 관절을 조심하라.
주의하라, 간절을 주의하라.

무릎과 무릎 혹은 손가락 마디 사이,
계절과 계절 혹은 길과 길 사이,
산과 들 혹은 바람과 구름 사이,
가슴에 흐르는 기쁨과 슬픔 사이,

모든 것의 사이엔 관절 또는 간절이
소리 없이 들어와 살며시 누워 있다.
어디서나 숨죽이며 마음 졸이고 있다.

하늘과 땅의 은밀한 조화를 위하여,
오가는 시간의 온전한 질서를 위하여,
할퀴고 찢긴 길을 다잡기 위하여,
너와 나의 행복을 지키기 위하여,

그들은 오늘도 꿈꾼다.
엎드린 서러움도 꽃피는 별이 된다.
세상이 그예 끝날 때까지.

*2014. 8. 30.

텃세

친구의 선배 한 분이 도시 생활이 답답하여
생판 모르는 시골로 내려갔다가
삼년을 못 살고 되돌아왔다고 한다.
마을 사람들이 오가며 내뱉는 헛기침에도
무서워서 가슴이 출렁거렸다고 한다.
요즘도 그런 세상이 있을까, 믿기지 않아
우스갯소리 말라고 되레 면박을 주었다.

하지만 동물의 세계에선 그것이 엄연히 존재한다.
티브이에서 '동물왕국' 을 보자면
가끔씩 호랑이나 늑대가 코끼리나 얼룩말들과
쫓기고 쫓는 장면이 하이라이트로 비친다.
오로지 네가 죽어야 내가 산다는 극단적 생존방식.
저들은 오줌이나 똥으로 그들의 영역을 표시하고
그곳을 침범하면 가차 없이 공격한다.

새들의 세계도 다르지 않다.
바다에 가면 갈매기들이 뱃머리에 떼 지어 몰려든다.
가을 들녘엔 까마귀들이 논밭에 수없이 날아든다.

겨울 하늘을 보면 기러기들이 줄지어 행군한다.
아침마다 창밖엔 참새만이 몰려들어 짹짹거린다.
저들의 무리 속엔 어느 누구도 침범하지 못한다.
오로지 저들만이 서로를 지키며 안전하게 살아간다.

식물의 세계인들 어찌 다르랴.
쑥밭에 가면 쑥만이 군락을 이루며 쑥대밭을 만들고,
갈대밭에 가면 갈대만이 모여서 몸 흔들며 신나게 논다.
개나리밭에 가면 개나리꽃이, 철쭉밭에 가면 철쭉꽃이,
장미밭에 가면 장미꽃이, 서로 군락을 이루며
겉으론 아무런 근심 없이 환하게 웃고 있지만
속으론 남이 끼어들까 싶어 긴장하며
껴안고 어깨동무하며 비좁아도 불평없이 살아간다.

그게 텃세라고 누가 탓하리.
살아남으려는 일인데 누가 간섭하리.
죽고 사는 문제인데 무엇이 두려우리.
그래서 저희들은 오늘도 끼리끼리 패를 지어
서로를 방패삼아 살아가는 방법을 찾았으리라.

그것이 다시 없는 생존 방식이라 믿었으리라.
그도 모르고 살아온 내가 미련하다.

*2015. 6. 6.

시간의 바퀴

오늘도 보이지 않게 굴러간다.
소리 없이, 끝없이 굴러간다.

반듯한 길에선 잔잔히 굴러가고
울퉁불퉁한 길에선 비틀거리며 굴러가고
어둡고 험한 길에선 더듬거리며 굴러간다.

바람과 구름은 가슴에 품고
근심 걱정은 옆구리에 차고
하루도 쉴 날 없이 굴러간다.

친구여,
이제는 쉬엄쉬엄 가자.
너무 숨 가쁘게 서두르지 말고
우리 천천히 쉬면서 가자.

*2015. 7. 25.

찬밥

마음이 곧으면 찬밥 먹기 일쑤다.
한 친구가 회사의 부당을 비판하며
뒷전에 코 풀었다가 벼락 맞았다 한다.
찬밥은 이럴 때 찾아온다.

누가 잘 될까 하고 기웃거리며
줄 서지 않으면 살기 어려운 세상.
바라보면 진절머리가 나고,
마주서면 독한 냄새가 난다.

봄이 되자 참았던 울분을 터뜨리며
산기슭마다 흐드러지게 핀 봄꽃.
새 잎도 돋기 전에 저 홀로 먼저 핀
이름 모를 풀꽃.

아무도 관심 없이 돌아서지만
가까이 서면 향기가 진동한다.
찬밥 신세이기에 더욱 진동한다.

*2015. 2. 1.

준비

한 번의 실수로도 공든 탑은 무너진다.
기쁨 뒤엔 슬픔이 도사리고
희망 뒤엔 절망이 기다린다.

매사에 걱정 없던 한 친구가,
아닌 밤중에 이상한 놈이 쳐들어와서
꼼짝없이 봉변을 당했다.

실수였다. 그런 놈이 있는 줄도 모르고
미리 대비하지 못한 것이 덫이 되어
몸도 마음도 다 짓밟히고,
성한 것 하나 남지 않았다.

살아갈 꿈이 천리 밖으로 달아나고,
밤이면 창밖으로 아련히 떠오르는
그놈의 그림자가 두려워 잠도 못 잔다.

항상 준비하며 살 일이다.
행복과 불행은 그에게 달려있다. *2013. 12. 10.

사람 꽃

그 꽃을 마주보면
살아 있는 내가 이상하다.

한 나무에도 서로 다른 형형색색의 꽃들이
주렁주렁 매달려 있고,
꽃망울이 하루에도 몇 번은 폈다 졌다 하고,
어디서 바람이 조금만 불어와도

앉았다 섰다 누웠다 일어섰다
야단법석을 떨며,
멀쩡한 하늘아래 기이한 연극을 펼친다.

너무 신기해, 눈뜨고 볼 수 없는 일들이
하도 복잡해, 종잡을 수 없는 일들이
그 꽃에선 끊임없이 펼쳐진다.

나뭇가지에선 꿈보다는 허영의 잎이 돋고
허영보다는 오만이 꽃을 피운다.
꽃마다 품은 생각이 다르기에

종류와 색깔도 무궁하다.

길은 멀고, 앞이 보이지 않는데,
그 꽃은 어디든 널려 있다.

어떤 이는 속도 모르고,
그 꽃이 가장 아름답다고 자랑한다.

*2015. 7. 27.

오해

무심히 지나가는 바람에도
그는 싹튼다.
저녁 하늘 노을이 짙을 때나
동쪽에 붉은 해 뜰 무렵이면
벌써 무럭무럭 자란다.

문 걸고 잠자는 시간이 아니면
언제든 겁 없이 쳐들어오는
사스 같은 전염병.

관심은 끝이 없다.
마음이 빈 곳엔 어디나 찾아들어
지나는 사람마다 콜록콜록,
콜록콜록, 감기를 앓게 한다.

사랑이 무르익은 꽃밭에 오면
꽃대궁을 잘라내 버리고,
희망의 부푼 곳에 이르면
부푼 풍선을 터트려 버린다.

문밖에 내쫓아도, 목을 비틀어도
종내 사라지지 않고,
망망대해에 뜬 배처럼
평생을 세상바다에 둥둥 떠다닌다.

지구가 끝날 때에야
숨겨둔 시간의 꼬리를 물고
하늘 밖으로 사라질지 모른다.

*2015. 2. 4.

불가항력

누가 막을 수 있을까.
눈 깜짝할 사이에 당한 일들이
시간의 틈새에 널려 있다.

길가다 어딘지도 모르는 곳에서
날아온 돌멩이에 맞아 쓰러진 사람,
비오는 날 나무그늘 밑에 숨었다가
벼락을 맞은 사람,
형제보다 가까운 사이에 주머니를 털려
빈털터리가 된 사람,
하나님 편에 섰는데도 큰 병을 얻어
사형선고를 받은 사람,

아무렇지도 않은 줄 알았는데,
졸지에 봉변을 당한다.

불가항력이란 그런 게 아닐까.
문제가 너무 커서 드물기는 하지만,
누구나 태어나면 죽는 것처럼

언젠가는 확실히 당해야 할 일 아닐까.

오늘은 누구의 차례일지 모른다.
하필이면 그 시간, 그 자리에,
있어야 할 이유가 없으면서도
엄연히 그 자리에 서 있는 이유를,
어찌 설명해야 될까.

재수 없어서 당한 일이라고 웃어야 할까.
그저 재앙일 뿐이라고 넘겨버려야 할까.

*2013. 8. 28.

지각하다

출근하려고 집을 나섰다가
금방 떠난 차의 꽁무니를 바라본다.
다음차를 기다리자면
지각은 받아놓은 밥상과 다름없어
마음만 내내 졸이고,
억지로 살 수 없음을 절감한다.

세상을 조급하게 살지 말 일이다.
지각은 그 순간에 찾아든다.
너와 나의 얼굴이 다르듯이
희망과 절망이 서로 다르듯이
시간도 앞뒤가 다름을 잊지 말 일이다.

지각은 우리들의 오래된 습관,
손으로 눈 가리고 하늘을 보는 것처럼
염치 없이 쉽게만 살 일이 아니다.
다음에 더욱 큰 일이 벌어지기 전에
몸과 마음을 단단히 다스릴 일이다.

집을 나서도 차가 늦지 않고,
기다리지 않아도 찾아드는 행복을 위해
사는 법을 다시 세워둘 일이다.

*2013. 10. 8.

겨울 동안

겉으로 보기엔 하얗고 눈부셔서
몸 둘 바 모르지만,
안으로 깊숙이 들어서면
길마다 굽이굽이 찬바람이 몰아쳐서
견딜 수 없을 만큼 서러운 겨울 동안,
여기 갇힌 사람들은 잠시도 걱정을 놓지 못한다.
남은 것들은 처마 밑에 꽁꽁 얼어붙고
마지막 꿈마저 어디에 숨었는지 알 수 없고,
눈앞에 닥친 막막한 이 시절을 죄도 없이
벌벌 떨며 한잠도 자지 못한다.
문 밖에서 어느새 남몰래 따스한 볕을 지고
누군가 이곳으로 다가올 줄은 짐작도 못한다.
보라, 순리는 반드시 오느니,
장대한 세월이 이번엔 화려한 옷을 입고
승리의 깃발을 세우며
골목 사이로 뚜벅뚜벅 걸어온다.
그러니 의심치 마라.
해 지기 전에 벌써 문 앞에서
"안 계십니까?" 하고

문 두드리는 소리,
그 벅찬 희망이 거짓말처럼 귀청을 울릴 줄
너는 믿고 기다려라.

*2014. 12. 25.

독감

해가 숨고, 구름이 춤추고,
바람이 화난 듯이 씩씩거리고,
일이 심상치 않자
밖을 나서기가 두려웠다.

그날 밤, 이내 뒤통수를 맞았다.
불 속에 빠진 듯 몸이 활활 달아오르고
코에선 콧물이 냇물처럼 흐른다.

누가 나무라지도 않는데,
재채기가 수도 없이 쏟아진다.

악명 높은 놈에게 꼼짝없이 붙잡혔다.
죄 없이 사슬에 묶인 몸이 되어
원망스런 하늘을 본다.
눈치 없는 하늘이 파랗게 떠있다.

큰 일이 닥쳤다.
무슨 병에 걸렸는지,

무슨 약을 써야 하는지,
당장 병원에 가봐야겠다.

병이 나으면, 해 지기 전에
그놈을 붙잡아야겠다.
남을 해치는 놈을 내버려두면
다음에 또 당한다.

*2013. 9. 14.

거짓말

길에 나서면 거짓말들이 돌같이 널려 있다.
친구나 이웃을 보거나 심지언 부모 형제를 만나도
거짓말이 버젓이 끼어들어 마음을 어지럽힌다.
언젠가 연극을 보다가 거짓말에 속아 숨질 뻔했다.
우린 거짓말 시대에 살고 있다고 믿어야 한다.
거짓말이 가족이고 친구고, 밥이고 반찬이다.
어디서 무엇 때문에 잘못되었는지,
혹은 누구의 책임인지 탓할 필요도 없다.
그것을 고쳐야 할 때도 이미 지나버렸다.
하지만 거짓말이 반드시 나쁜 것은 아니다.
그가 있기에 참말이 있고, 진실은 빛을 발한다.
그 거짓말이 설령 개똥처럼 구역질난다 한들
거짓말이라고 믿으면 구역질나지 않는다.
또 거짓말쟁이가 거짓말을 늘어놓는다면
거짓말인 줄 아는 사람은 얼마나 즐거우랴.
그런즉 거짓말이여,
거짓말로 영원히 남아 진실과 구별케 하라.
진실이 얼마나 귀중한지 모르는 사람에게
진실을 깨닫게 하라. *2014. 12. 30.

모순
— 교만을 탓함

꽃이 아니다.

손에는 꽃을 들고 있지만
더러는 향기도 내뿜고 있지만,
가슴엔 날카로운 가시가 돋쳐 있다.
남들이 보면 반갑게 웃어주고
돌아서면 등 뒤서 시퍼런 칼을 간다.
야심에 찬 몸에선 항상 열이 오르고
허망한 꿈들이 하루도 골백번은
저 높은 산을 넘고 넘어
흘러왔다, 흘러간다.

너는 꽃이 아니다.
구름이다.

*2013. 9. 3.

허영

꽃 하나 꺾으려고
산을 올랐다가
꽃은 없고,
망신만 당했네.

꿈 한 번 펼치려고
하늘에 올랐다가
꿈은 없고,
망신만 당했네.

눈앞에 늪이 있고
등 뒤에 비수 있네.
늪에 빠져도 돌아올 수 있나.
비수에 맞아도 살아날 수 있나.

제 꿈이 헛된 줄도 모르고
얼굴에 분칠하고 문밖에 나섰다가
발목까지 부러져,
개망신만 당했네. *2013. 11. 24.

귀와 입술

중증이었다.
몸은 없고 귀와 입술만 있었다.
자랑스러웠다. 그 귀와 입술은
항상 세상을 어지럽게 하고,
혹은 소란스럽게 하였다.
어느 날, 그가 돌연 어디로 떠났는데
아무도 궁금해하지 않았다.

그런데 신기한 일을 본다.
꿈에 친구가 보이는데,
몸뚱이는 간 데 없고
귀와 입술만이 여전히 남아
하늘 끝에 대롱대롱 매달려 있다.
벌 받는 것일까?

친구여, 다시 돌아오라.
그때는 얼굴도 가슴도 데리고 오라.
그리하여 이제는 세상을 아름답게
찬미하는 시인이 되라. *2014. 10. 15.

여름의 비명碑銘

여름을 지내보니 알겠구나.
그때는 왜 그리도 잔인했던지,
삼십팔도를 넘나드는 혹독한 폭염에
문밖에선 이상한 전염병이 떠돌아다니고
소문난 일사병까지 기웃거리고 있어
한 발도 나서지 못하겠더니,

무쇠 같던 삼복三伏의 고개를 모두 넘고
팔일오 광복절이 태극기 흔들며 지나가자,
그토록 두렵던 불볕의 기세도 한풀 꺾이고
아침저녁 문틈으로 살며시 소슬바람 스며들고
그동안 굽었던 몸도 마음도 꼿꼿이 펼쳐져
이젠 벌써 살이 오르는구나.

여름을 지내보니 알겠구나.
걸핏하면 소나기 내리며 천둥이나 번개치고
역겨운 장마까지 몰려와 세상바닥에 주저앉자
만사가 예사롭지 않다 여겼더니,
되레 좋은 날 오려고 그랬구나.
내게 희망을 주려고 그랬구나. *2015. 8. 15.

4
너와 나의 거리

마중

갈 길이 왜 이리 바쁜지요.
눈 뜨면 숨 가빠 찾아드는 고요한 햇빛,
아침부터 바쁜 하루가 시작되면
시간은 손마디보다 더욱 짧아지고,
쓰다 버린 자투리만 남은 세상 만물들,
바람 구름 비 눈 나무 풀 새 짐승
온갖 것들이 꿈틀대며 기다리고 있죠.

할 일이 왜 이리 많은지요.
앞서가는 시간을 용감히 붙잡고
소란한 거리를 몸 부려 잠재우고
돌아올 시간을 실어올 수레를 준비하고,
끝없는 일들이 처마 밑에 산처럼 쌓여도
불평 없이 일을 해야죠.
일하려고 살아 있으니 일을 해야죠.

갈 길이 먼데 서둘러 나서야죠.
천금 같은 목숨을 위해 오늘도 해는 뜨고
문밖엔 생각의 가지만큼 무성한 꿈들이

저마다 일어서서 깃발 들고 서 있는데,
만나야죠. 처음부터 끝까지 반갑게 맞아야죠.
가다가 지쳐 쓰러져 끝나는 날까지.
서로가 손 놓고 헤어지는 날까지.

*2015. 2. 23.

너와 나의 거리

너무 멀어서 끝이 보이지 않는다.
옛날 옛적엔 안 그랬다고 하던데,
눈만 뜨면 곁에 다가와 있던가
하다못해 십리 안에는 머문다 하던데,
지금은 그렇지 않다.
백리나 천리 밖보다 멀고,
천 년이나 만 년보다 멀다.
그 사이로 바람조차 지나지 않는다.
해도 달도 뜨지 않는다.

너와 나의 거리가 보이지 않는다.
아무리 찾아도 보이지 않고,
아무리 기다려도 오지 않는다.
산에 있는 나무나 풀이나 돌처럼
또는 하늘에 떠도는 구름이나 새처럼
저 홀로 외롭게 살라고 한다.

너와 나의 거리가 아득하다.
형무소 담장이나 휴전선 철조망처럼

철통 같은 벽이 우뚝 서서 가로막는다.
세월이 굽이치며 억만 년 흘러가도
너와 나의 거리는 멀어질 수 없는데,
그것이 하늘이 내린 법칙인데,
세상이 이상해졌다.

*2013. 8. 7.

새에게 묻다

낯선 새가 곁에서 날아가면
왠지 섭섭하지만,
그래도 새는 내가 섭섭지 않게
금방 돌아와 위로한다.

사람이 날아가면 시원하지만
한번 가면 다시 올 줄 모르고,
어디로 가서 어찌 됐는지
끝내 짐작도 못한다.

어머니 손놓고 홀연히 떠나가신 길,
그 길이 얼마나 멀고 험하기에
아직도 소식이 없는지,
문밖엔 길 아닌 길만 쌓인다.

새야, 너는 아느냐.
날아가면 금방 돌아오는 길,
기다리면 다시 찾아오는 길,
감추지 말고 가르쳐다오.

날아가다가 또는 날아오다가
어디쯤에서 길 잃은 사람 만나거든
붙들어다오. 혼자만 오지 말고
부디 손잡고 데려와 다오.

*2015. 3. 2.

아이를 위하여

아이야,
너희는 갈 길이 멀어서 좋으리.
살아갈 날이 많아서 좋으리.
할 일이 넘쳐서 좋으리.

하지만 아이야, 기뻐하지 마라.
갈 길이 얼마나 멀랴.
살날이 얼마나 많으랴.
할 일이 얼마나 넘치랴.

세월은 너를 돕지 않는다.
아침이 오면 금방 저녁이 오고
희망도 지쳐서 잠자리에 눕는다.
세월은 너보다 갈 길이 멀기에
잠시도 쉬지 않고 세상 속을 떠돌며
우리들 마음까지 기웃거린다.

엄마 아빠가 가르쳐주지 않더냐.
그렇지 않거든 미리 알아두어라.

살아 있을 때 잠자지 말고,
길이 있을 때 주저앉지 말고,
항상 깨어 있어야 하느니,

얼마 후 늙어서야 철들 양이면
서산에 해 떨어지듯
창밖에 슬픈 노을을 남기며
사라질 일밖에 남지 않는다.

아이야, 너희는 갈 길이 멀고
할 일이 많으니,
그를 잊지 말거라.

*2013. 3. 4.

살 길

그렇게 살아갈 자신이 없으면 되나.
한평생 기껏해야 팔십 또는 백년,
거기서 멈춰버리면 되나.
끝까지 살아갈 방도를 찾아야지.
누우면 꿈이 천리 밖으로 달아나고
앉으면 무릎에 절망이 내려앉고,
부푼 가슴이 찢기고 피 토하고
온몸에 상처가 깃발처럼 굽이치고 펄럭여도
꿋꿋이 참고 견디며, 기어이 남아서
죽지 않는 법을 배우고 익혀야지.
살아 있을 때 살 길을 마련해야지.

그래도 죽지 않을 수 없다면
다시 살아나는 길을 모색해야지.
살아 있을 때 죽지 않는 법을 찾아
미리서 다른 길을 닦아야지.
흐르는 세월에도 굽히지 않고
비바람에도 꺼지지 않는 별이 되어
어둔 밤에도 언제나 반짝반짝 빛나며

하늘 위에 떠 있을 준비를 해야지.
세상에서 가장 빛나는 생명이기에
하나님의 형상을 닮은 존재이기에
그만한 포부는 가져야 마땅하지.

*2015. 6. 18.

자존심

가는 길이 막혀도,
문 앞에 비바람이 몰아쳐도
눈 깜짝 않는다.

주머니가 비어도,
허리가 휘어져도,
남에게 의지하지 않고
제 지킬 도리만 한다.

정직하기로 너를 당하랴.
이대로 죽을지언정
손에서 잠시도 놓지 못하는
완고한 고집.

어째서일까.
세상에 그렁저렁 묻혀 살기가 부끄러워서일까.
하늘과 마주 보기가 두려워서일까.

문밖의 여우나 늑대를 내쫓아 버리고,

산 너머 날아간 새들을 불러다가
품에 안고 싶어서일까.

시간의 고개를 넘고 넘어
오늘도 이렇게 사느니,

친구여, 그대는 꿈꾸는 바다,
물결이 끝없이 출렁인다.

*2015. 2. 19.

조심에 관하여

마음이 꼿꼿한 자는 넘어지지 않는다.
멀리 가려는 자는 중도에서 멈추지 않는다.
사랑을 아는 자는 사랑을 잃지 않는다.

조심을 모르는 친구와 마주앉아 음식 먹다가 생긴 일이다. 먹는 손이 너무 거칠어, 뜨거운 국물에라도 대일까 싶어, '조심하라' 고 무심코 한 말이 화근이 되어 친구 간에 몹쓸 싸움을 한다. 저쪽은 '아이취급 말라' 고 발끈하며 역정을 부리고, 이쪽은 틀린 말이 아니라고 억세게 변호한다. 전혀 예상치 못한 일에 옆 사람들이 당황하며 구경한다. 하긴 아무리 좋은 말이라도 문제는 있다. 조심하라니? 아무렇지도 않은 사람을 두고 조심하라니? 상대가 그 일을 간섭이나 충고로 들으면 짜증이 생긴다. 하지만 돌이켜보면 그게 아니다. 산에 가면 '불조심' , 물에 가면 '물조심' , 이 말은 평생을 들어도 싫증나지 않는 생활의 표어다. 그만큼 옳은 말이기 때문이다. 요즘에 와선 '말조심' 하라는 말을 하나 더 보탠다. 우스운 일이다. 하지만 조심할 일이 어찌 그뿐이랴. 어디 가나 조심할 일이 산적해 있다. 그래도 사람들은 시큰둥하고 돌아선다. 남의 말을 듣기 싫어하는 사회 풍조 때문일까. 실속 없이 가슴만 부풀어 오른 자존심 때문일까. 그러나 그 말을 새겨듣지 않으면 후회한다. 조심하지 않아서 화를 당한 사람이 얼마나 많은가. 백 살의 부모가 백발의 아들에게 조심하라고 이르는 걸 본다. 백발이 된 아들이 아이로 보여서가 아니다. 아들에 대한 사랑이 그만큼 깊기 때문이다. 그 말이 천년이 가도 변치 않을 귀중한 금언이기 때문이다. 조심하라. 조심하라. 조심은 세상 걱정을 덜어 주는 명약이다. 세상을 순탄히 살아가려면 이보다 중요한 일은 없다. 조심하면 산 같은 꿈도 이룰 수 있지만, 조심하지 않으면 가진 것조차 잃어버린다.

조심은 하늘의 정신이다.
조심은 승리의 발판이다.
조심은 안전의 기본이다.

*2015. 3. 21.

아버지의 슬픔

— 일제의 잔인한 추억

아버지 젊었을 때, 태산 같은 꿈 내려놓고
죄 없이 일제日帝의 헌병에 멱살 잡혀
낯선 땅 서러운 전쟁터로 끌려가서
한세월 파리보다 못한 목숨으로 살다가
앙상한 뼈만 남아 간신히 돌아온 날,
피 토하듯 남긴 말씀을 잊지 못한다.

죽어도 이웃을 믿지 말라고,
다시는 나라를 잃지 말라고,
신신당부하던 아버지의 끝없는 슬픔.

문밖은 새벽부터 짙은 안개가 흐르고
힘없는 사람들은 어디론지 숨어버리고,
어디 가나 큰칼 찬 순사들만 득실거리던
원수 같은 일장기만 건방지게 펄럭거리던,
하늘도 땅도 잃어버린 가엾은 나라.

아버지 젊었을 땐 그런 세상이었다.
주인의 허락도 없이 바다 건너 온 침략자들이

굶주린 늑대나 승냥이처럼 또는 성난 맹수처럼
길과 마을을 휩쓸며 온통 난리를 쳐서
차마 눈뜨고 볼 수 없었다.

조국을 빼앗기면 삶의 가지도 꺾어지고
마음 끝에 매달린 마지막 희망까지
모두 다 빼앗길 줄 왜 몰랐을까.

백성들은 이내 개똥만도 못한 신세가 되고
허기진 몸뚱이엔 파리 떼만 몰려들고,
하루도 살아갈 재미가 없던 어머니는
하릴없이 뒷동산에 올라 하늘만 실컷 욕하다가
밤이면 서쪽나라로 가는 달과 함께 놀았다.

아버지의 슬픔은 세월이 가도 지지 않는
꽃이 되고, 꽃을 기르는 영원한 별이 되고,
해마다 봄이 오면 그 꽃은 더욱 활짝 피어올라
나는 오늘도 편히 잠들지 못한다.

*2014. 3. 1.

슬픔에 관하여

— 예림에게

할아버지가 병원에 다녀오자
열두 살밖에 안된 손녀아이가
울타리 밖에 숨어서 울었다 한다.
나이 어려도 벌써 철든 모양이다.

병들면 누구나 슬픈 일이다.
하지만 어찌 그만을 탓할 수 있으랴.
살아가는 나날이, 흘러가는 시간이
짚어보면 슬프지 않은 일이 없다.
가는 길은 어둡고 오는 길은 험하다.

슬픔은 항상 낯선 얼굴로 등 뒤에서 기다린다.
사랑이 깃든 곳엔 어김없이 슬픔이 모인다.

슬픔을 곁에 두고 사는 일은 당연하다.
그걸 모르고 사는 게 더 큰 병이다.
고칠 수 없고 아무도 이길 수 없는
고질병이다. 만성병이다.

이제는 돌아서야 하리라.
남은 시간을 버리고 가진 것도 내려놓고
슬픔에 갇힌 능선을 넘어야 하리라.
한시도 잊지 않고 망망한 가슴에
푸른 숲과 아름다운 꽃을 길러야 하리라.

늦기 전에, 해떨어지기 전에
더 높은 별로 솟아야 하리라.

*2015. 3. 11.

아슬아슬하다

가는 길과 오는 길이
굽이쳐 흐르는 생각이
천리로 뻗쳐간 꿈이
아슬아슬하다.

새벽부터 저녁까지
큰길에서 골목까지
앞뒤를 분간할 수 없는 나날들이
희미한 안개 속에 묻혀 버린다.

가다가 지쳐 누운 사람들이
길가에 가득히 널려 있다.
돌아서려고, 눈 부릅뜬들
한 발도 일어서지 못한다.

남의 것 빌려서라도 사는 게
좋다고는 하지만,
마음대로 되지 않는다.

아슬아슬하다.
가는 길이, 오는 길이,
숨 돌릴 틈 없이 바쁜 길이,
초조하고 불안하다.

사는 건 그만큼 힘든 일이다.
곡예사의 줄타기 같은 일이다.

*2015. 6. 28.

사이

그 사이가 얼마나 될까?

이승과 저승 사이,
빛과 어둠 사이,
양지와 음지 사이,
희망과 절망 사이,
사랑과 미움 사이,
너와 나 사이,

이쪽도 저쪽도 아니고,
보이지 않고, 만질 수도 없고,
형체도 영혼도 없고,
오로지 불확실한,

그 사이의
길이와 높이와 부피는,
그 사이의
온도는 얼마나 될까?

그 사이를 두고
언제나 추측만 들끓을 뿐,
아직도 아는 사람은 없다.

*2013. 9. 6.

분주하다

마음은 항상 하늘에 두고 있지만
그 뜻을 헤아리지 못한다.
그곳에 눈길만 주면, 하늘이 벌써
돌아서 버리니, 어찌 황당하지 않으랴.
그래도 꿈은 굽히지 않고
하루에도 천리는 굽이쳐 흐르지만,
하늘에서 품지 않은 꿈은
땅에서 자라지 못하고,
세상바닥을 떠돌며 허송세월만 일삼다가
마침내 저문 길에 쓰러져 눕는다.
해 지기 전에 어딘지 떠나려고
소리 없이 보따리를 싼다.

그래도 하늘은 무심치 않고,
오늘도 해 뜨고 달뜨고,
꽃피고 새 울고,
잔칫날을 맞은 듯이 분주하다.
너와 나를 위해 참으로 분주하다.

*2015. 7. 6.

하늘에서

이제는 벌을 내리려나 보지.
하늘이 더는 못 참고 등 돌리며
시끄러운 세상과 허황된 사람에게
귀도 안 열고, 눈길도 안 주지.

비구름 지나가면 해는 얼굴 씻고 반짝거리고
해가 잠시라도 눈감으면 달이 춤추며 달려들고,
문밖의 거리엔 물정 모르는 사람들이
어느 틈에 몰려들어 덩달아 날뛰며 놀지.
바람인들 뒤에서 구경만 하겠나.
그런 건 되레 별들이 빠르지.
수천억 광년의 멀고먼 고개를 넘어온 별들은
아직도 숨차지 않은지, 초롱초롱한 눈으로
이 광경을 흥미롭게 내려다보고 있지.
짓궂은 바람은 엉뚱한 곳에 삿대질하며
지상의 온도를 한껏 높이고,
실없이 허튼 소문만 날리고 다니지.

세상이 문제야. 하늘이 노여워할 만하지.

앞으론 아름다운 척, 뒤로는 평화로운 척,
봄, 여름, 가을, 겨울, 한시도 놓지 않고
꽃 피고 새 울고, 바람 불고 비오고,
장단 맞춰 춤추며 풍성한 잔치를 벌이는 듯싶지만
그 잔치에 언제 배불러 본 적 있나.
모두 허세가 아니고 무엇이냐.

사람이 더 문제야. 하늘이 화낼 만하지.
꽃을 보면 꺾고 싶어 음탕해지고
짐승을 보면 먹고 싶어 군침 흘리고
남을 보면 넘어뜨리지 못해 안달이고
자랑할 것은 한 줌도 없어 보이는데,
죽일까, 살릴까, 오죽이나 답답할까.
길이 있어도 길을 알지 못하고
나이를 먹어도 철들지 못하는 자들이
오늘도 거리마다 득실거리는데,
혹여 너와 내가 그 안에서 함께 논다면
무슨 얼굴로 하늘을 내다볼 수 있을까.

하늘은 저렇게 등 돌리고 눈길도 안 주는데,
종내 못 참고 돌아다보지 않는다면
세상은 장차 어디로 굴러 떨어질까.
사람들은 얼마나 서럽게 사라질까.
살아 있는 자여, 걱정이 많겠구나.

*2015. 7. 27.

짧다

아침 일찍 일어나
저녁 늦게 눕는구나.

일어나고 눕는 시간이
아무리 멀어도
하루를 넘지 못하는구나.

그 사이 땀 흘려 얻은
손톱만한 희망과
창밖에 내버린 한숨과
자랑하고 싶은 허영과
그래도 남은 그리움을
어찌할 것인지,

세월이 너무 짧구나.

*2013. 9. 1.

묘지와 나비

하늘 맑고 햇빛 고운 청명절 즈음,
가슴에 파랗게 돋은 꽃나무 새순 안고
아버지 어머니 잠들어 계신 산소에 간다.

시골서 꽃상여 타고 저승 가신 아버지,
흐른 세월이 너무 많아
낡은 집 허물고 새집 지어 이사해 드리려고
삽질도 조심조심 묘지를 파헤쳐 보니,
아버지의 몸은 어느새 흙으로 돌아가고
뼛조각 몇 개만 겨우 표적으로 남아 있고,

서울서 영구차 타고 저승 가신 어머니,
흐른 세월이 많지 않아
육탈은 했을까, 아슬아슬 마음 졸이며
묘지를 파헤쳐 보니, 연한 살은 삭았지만
단단한 뼈는 아직도 또렷이 남아 있어
생전의 꿋꿋한 모습을 되돌아보게 한다.

부모님이 남긴 뼈들을 샅샅이 찾아 모으고

하늘에 무릎 꿇고 기도하며 마지막 불태우고,
파헤친 자리를 뒤덮어 평지를 만들고
햇빛 잘 드는 한가운데 늘 푸른 나무 심고,
한 줌밖에 안 되는 뼛가루를 묻으니,
하늘도 반가운 듯 반짝 빛난다.

다시금 울타리를 둘러쳐 향나무 심고
촘촘히 꽃나무 불러다 공원을 가꾸니,
천국이 이보다 나을 수 있으랴.
어디서 눈치 채고 날아왔는지
나비 한 쌍이 주변을 빙빙 맴돈다.

이게 누구인가? 어디서 왔는가?
나비는 무엇이 그리도 즐거운지,
지칠 줄 모르고 너울너울 어깨춤 추며
진종일 우리 곁을 떠나지 않는다.

저승 간 아버지 어머니 소식 전하나 보다.
이승에서 겪으신 서러움 다 잊으시고

자식들의 불효도 용서하시나 보다.

보라! 여기 남은 세월 속절없이 가고
늘 푸른 나무 자라서 정자나무가 되어
세상길에 지친 사람들, 그 나무그늘에 모여
잠시라도 쉬노라면, 살아도 사는 게 아니라고,
어제는 몰랐던 소중한 것을 깨닫게 되리라.

돌아갈 곳을 아는 일은 사는 일보다 중요하리니,
한세상 착하게 살다간 어떤 이는
우리 아버지 어머니 만나 영원한 친구 되어
즐거운 세월을 보내리라.

*2014. 4. 17.

괴질
— 메르스를 보며

중동의 낙타에서 날아온 괴질이 심상치 않다.
온 나라에 메르스라는 전염병이 덮쳐서
모두 꼼짝 못하게 한다.

손발이 저려서 운동을 나가려해도
문밖에 나서지 못한다.
어느 집에선 벌써 그에게 당하여
숨도 제대로 못 쉬고 앓아누워
고통과 슬픔에 젖어 있다.

테레비나 신문은 두려움에 떨고
인터넷에선 이상한 괴담이 치솟고
길에 나서면 입마개 쓴 사람들뿐이니,
몸이 아파도 그를 만날까 두려워서
병원에 갈 생각조차 못한다.

책을 보면 옛적엔 페스트라는 게 창궐하여
세상을 발칵 뒤엎었다는데,
설마 이참에는 그럴 리야 없겠지.

몇 해 전엔 신종플루와 사스가 휩쓸고 간 터라
그 일을 경험한 사람들이 되레 공포를 부추긴다.

오죽하면 열두 살밖에 안된 손녀아이가
한밤중에 전화를 걸어 신신당부했을까.
"사람 많은 곳엔 절대로 가지 마세요!"
"밖에 나가려면 마스크를 쓰고 가세요!"

하지만 병이란 살아서 산을 넘지 못하나니,
잠시 소란을 피우다 제풀에 쓰러져 눕거나
어느 골짜기로 종적도 없이 사라지게 되면
세상도 잔잔해지고 평안이 다시 찾아오리라.

하늘이여, 저놈의 괴질을 불태워주소서.
다시는 이 땅에 얼씬도 못하도록
저놈을 붙잡아 영원히 멸하여 주소서.

*2015. 6. 9.

때가 있다

때가 있더이다.
몸속의 세포처럼 우리들의 일상엔
어디나 어김없이 때가 숨어 있더이다.
떨칠 수 없는 운명처럼
눈앞에 벌써 다가와 있더이다.

낳을 때가 있으면 죽을 때가 있고
심을 때가 있으면 거둘 때가 있고
슬플 때가 있으면 기쁠 때가 있고
울 때가 있으면 웃을 때가 있고
찾을 때가 있으면 잃을 때가 있고
지킬 때가 있으면 버릴 때가 있고
사랑할 때가 있으면 미워할 때가 있고
그렇다고 하나님도 말씀하시더이다.*

모든 것은 때가 있더이다.
젊을 때가 있으면 늙을 때가 있고
궂을 때가 있으면 맑을 때가 있고
추울 때가 있으면 더울 때가 있고

아플 때가 있으면 건강할 때가 있고
갈 때가 있으면 올 때가 있고
앉을 때가 있으면 일어설 때가 있고
힘들 때가 있으면 편할 때가 있더이다.

하늘이 있으면 땅이 있고
밤이 있으면 낮이 있고
아침이 있으면 저녁이 있고
봄이 있으면 가을이 있고
산이 있으면 바다가 있고
나무가 있으면 꽃과 열매가 있고,
그렇듯이 모두가 때를 찾아 돌고 돌더이다.
밤낮없이 장단 맞추어 춤추더이다.

시작이 있으면 끝이 있더이다.
모든 존재는 때를 맞춰 살더이다.
시간은 여전히 관심 없이 흐르다가
때때로 보이지 않는 손만 흔들더이다. *2015. 6. 21.

---

* 전도서 3장

왼소리*

정녕 하늘의 뜻이렸다.

하늘에 해 뜨고 달뜨고 별 뜨고
땅에선 바람 불고 비 오고 눈 내리고
한세상 바쁘게 돌아가는 동안
이리도 흔히 널린 일은 다시는 없다.
아무리 꿈 많은 사람이 와서
세월의 길을 되돌리며 거슬러 오른다 한들
이 자명한 삶의 이치를, 자연의 순리를,
어찌 돌이킬 수 있으랴.
살다가 목숨 다하면 몸이 두 개로 갈라져서
육신은 땅에 묻혀 흙이 되고
영혼은 하늘에 올라 상벌을 받는다고 하는데,
그런 소문을 전하려는지,
마을의 동구 앞 성황당엔
벌써부터 괴물같은 장승이 찾아와
울긋불긋 이상한 깃발을 펄럭인다.
그 소문, 눈감고 귀 막아도 들려온다.
단 하루도 거역할 수 없는

이승의 손에 전하는 마지막 편지.
지상에서 가장 슬픈 소식!

정녕 사람은 이런 존재렀다.

*2013. 10. 15.

---

*윈소리 : 사람이 죽었다는 소문

통곡

의지할 하늘이 없다.
머무를 땅이 없다.
마주할 사람이 없다.

돌아가는 길에는
아무것도 없다.

오직
홀로밖에는.

*2015. 7. 20.

시인의 산문

삶의 역사를 위하여

삶의 역사를 위하여

— '사람' 연작시 전말기

문학은 인간의 삶을 기록한 역사다. 삶이 깊으면 역사도 깊어진다.

슬픈 삶은 슬픈 역사를 만들고, 아름다운 삶은 아름다운 역사를 만들며, 우리들의 마음에서 오래 머문다. 그리하여 슬픈 역사는 슬픔을 떠나보내기 위해 강가에 배를 띄우고, 아름다운 역사는 더 큰 아름다움을 맞으려고 산 너머에 무지개를 띄우는지도 모른다.

어릴 때 나는, 동네 사랑방에서 어른들이 읽어주던 '춘향전' '심청전' '흥부전' '장화홍련전' 등을 들으며, 그의 이야기에 감동되어 밤잠을 설친 일이 많다. 내가 크면 그런 이야기를 쓰는 작가가 되겠다는 생각도 그때부터 품었지 않았나 싶다. 문학이 무엇인지도 모른 채 나는 벌써 작가가 되겠다는 생각부터 가졌던 당돌한 아이였다.

그런데 정말 그 길로 들어서고 말았다. 나는 이제, 그때의 생각이 옳든 그르든, 또는 그럴만한 재능이 있든 없든, 하여간 내 자신이 작품을 창작하는 존재가 되어버렸다. 타고난 운명이 그랬는지, 아니면 그런 운명을 스스로 만들었는지, 아직도 모를 일이다.

요즘 나는 작품의 구조와 기능에 대해 자주 생각한다. 어떻게 만들어야 좋은 작품이 되는가에 대해서다. 작품을 쓰다보면 결국은 두 갈래의 큰 길을 만난다. 무엇을 쓸 것인가와 어떻게 쓸 것인가이다. 두 길을 다 가면 더할 수 없겠지만, 쉽지 않다. 하지만 어느 하나를 버려서도 안 된다. 가령 집을 지으려면 많은 재료가 필요하다. 지붕이나 천장을 받히는 기둥이 가장 중요한 것 같지만, 벽과 창이 없으면 제 구실을 못한다.

뜰도 잘 가꿔야 한다. 내부와 외부를 잘 갖춰야 품위 있고 아름다운 집이 완성된다. 작품도 그와 마찬가지다. 무엇을 쓰려면, 어떻게 쓸 것인가도 못지않게 중요한 것이다.

한데도 내 생각은 달랐다. '주제' 만이 중요하다고 보았다. 따지고 보면 '어떻게 쓸 것인가' 는 형상화를 위한 표현의 문제고, '무엇을 쓸 것인가' 는 작품의 중심사상인 주제의 문제다. 비유하자면, 표현은 '옷' 이고 주제는 '몸통' 인 셈이다. 그렇다면 '옷' 을 잘 만들면 예쁜 물건이 되고, '몸통' 을 잘 만들면 튼튼한 물건이 될 터다. 어느 게 더 나은가. 보기엔 예쁜 것이 좋을지 몰라도 쓰기엔 튼튼한 게 낫지 않을까. 물건의 가치가 구경만 하는 게 아니라면, 쓰는 데 유익한 게 더 중요하지 않을까. 나의 생각은 그랬다. 겉치레에만 번지르르하고 속은 강정처럼 비어 있는 시정의 세상살이가 은연중 그런 생각을 부추겼는지도 모른다.

내가 문학의 가치를 '무엇을 쓸 것인가' 에만 두고 매달린 건, 시적 대상을 '사람' 으로 잡고 연작시를 쓰면서부터다. 그러니까 1979년 10월 말쯤이다. 나라를 통치하던 최고의 권력자가 측근의 총에 맞아 하루아침에 사라진 때였다. 나라의 안

위가 풍전등화처럼 흔들리고, 백성들은 큰 충격에 빠졌다. 그때 나는 굴지의 신문에 우연히 시 한편을 발표했다. 그것이 '사람' 연작의 시초이다. 시는 영감의 산물이라고 하던가. '우리는 싫어도 집으로 가요' 로 시작되는 이 시의 '집' 이 무엇을 의미하는지, 처음엔 나 자신도 몰랐다. 나중에 짚어 보니, 그 집이 생시가 아니라 내세의 집이었다. 아침에 이승의 집을 나서면 저녁엔 저승의 집에 도달하는 줄도 모르고, 천년 만년 살아갈 듯이 욕심 부리며 발버둥치는 '사람' 들, 나는 은연중 그들의 존재를 밝히고 싶었는지도 모른다.

흔히들 사람을 가리켜 만물의 영장이라고 한다. 또는 살아있는 신이라고도 한다. 사람을 그만큼 특별한 존재로 여긴다. 과연 그럴까? 얼굴이 각기 다르듯 살아가는 모습 또한 천태만상인 사람들, 그들은 겉으론 생각이 만 리 밖에 뻗쳐 있고 하루에도 몇 번은 하늘을 넘나들 수 있을 정도로 희망차 보이지만, 어느 만큼이 진실인지 알 수 없다. 사람은 어쩌면 귀신이 둔갑하여 거리에 떠도는 존재만 같다. 콩밭에서 콩 나고 수수밭에서 수수가 난다면, 사람 밭에선 무엇이 날까? 그게 되레 궁금해졌다. 사람이 태어나서 죽을 때까지 생각하고 행동하고 꿈꾸는 일들, 그것을 자세히 들여다보면, 제 눈의 티끌이 남의 눈의 대들보 보다 커 보인다거나, 하룻강아지 범무서워하지 않는다는 소문이 틀린 말은 아닌 듯하다. 진실보다는 허영이, 겸손보다는 오만이 넘쳐난다. 사람은 어디까지 타락해지려는 것일까? 세상은 그로 하여 하루도 편할 날이 없다. 그만큼 부조리한 그들의 일상은 '인간이란 과연 무엇인가' 를 돌이켜보게 한다. '사람은 던져진 존재일 뿐이다' (하이데거)거나 '사람은 결국 자기 자신을 체험하는 데 불과하다' (니체)는 말은 그래서 나왔는지도 모른다.

얼마나 좋은 소재인가. 길만 나서면 그게 널려 있으니, 횡재를 만난 듯하다. 거리에 나가 사람들을 관심 있게 살펴보며, 혹은 보고 느낀 것을, 혹은 남에게 들은 것을, 혹은 몸으로 직접 부딪친 것을, 혹은 미리 예견하고 상상한 것을, 그것이 진실이든 허위든, 마음에 집히는 대로, 일기를 쓰듯 한 편 한 편 써온 것이 어느덧 35년, 발표한 작품도 5백 편이 넘는다. 내가 그만큼 오랜 동안 이 '연작시' 를 쓰면서도 큰 어려움이나 불편을 못 느낀 것은, 먼저 '사람' 이란 주제를 잘 선택한 것이고, 다음으로 '어떻게 쓸 것인가' 보다는 '무엇을 쓸 것인가' 에 치중했기 때문이 아닌가 싶다. 주제가 워낙 광범위하기 때문에, 누워만 있어도 '글제' 가 절로 굴러들어왔고, 비유든 은유든 직유든 기법에 상관없이 오직 '사람' 이란 '주제' 만을 붙잡고 매달렸다.

하지만 다시 돌이켜 보면, 나의 시작법은 서툴렀다. 글의 조화를 무시한 일이다. 몸통만 세우고 옷은 안 입힌 꼴이다. 튼실한 몸에 고운 옷을 입히면 더욱 품위 있고 멋진 모습이 된다. 완성을 위해서는 그렇듯 조화가 필요하다. 나는 왜 그것을 몰랐을까? 욕심이 컸던 탓이다. '주제' 에만 몰입했던 까닭이다. 이를 깨닫게 되자 시 쓰기가 어려워지고, 차츰 걱정과 두려움이 솟구친다. 섣부른 자만심이 불러온 결과겠지만, 한편으론 저 유명한 '황무지' 의 시인 엘리엇을 떠올리며 자위하기도 한다. 그는 평생 동안 수많은 작품을 썼지만, 자신의 마음에 든 작품은 몇 편 없다는 말을 남겼다고 한다. 시인의 겸손이 돋보이지만, 그 속엔 작품쓰기의 어려움도 비쳐진다. 창작이란 우주를 만드는 일에 비견될 만큼 어렵고 힘든 작업이기도 하기 때문이다.

시는 사랑이 깃든 열매다. 시인이 기른 생각의 나무에 열매는 맺힌다. 그 열매가 얼마나 잘 영글었는가에 따라서 가치도 달라진다. 좋은 시란 맛있고 튼실한 열매에 비유될 수 있을 터다. 맛이야 달든 쓰든, 내가 쓴 '사람' 역시 지극한 사랑이 깃든 열매다. '사람'을 사랑했기에 많은 세월을 두고 기른 정성의 산물이다. 그렇다. 사람을 사랑하지 않았다면 '사람'이란 시엔 관심도 없었을 터다.

내가 연작시의 주제로 삼은 '사람'은 늘 아파 있었다. 그러기에 선택한 것이기도 하다. 그런데 요즘은 내가 아파 있다. 마음은 아니지만, 몸은 실제로 아파 있다. 처음엔 코가 아파 수술을 받았더니, 다음엔 인파선이 잘못되었다 하고, 그 다음엔 호흡기가 나쁘다고 하더니, 또 다음엔 신장이 안 좋다고 했다. 그동안 두 차례 입원도 했다. 그러고서 이젠 괜찮은가 싶었는데, 얼마 전엔 갑자기 눈언저리가 따끔거리고 눈꺼풀이 내려앉아 병원에 갔더니 신경근육이 무기력하다던가. 이만하면 만성 환자나 다름없다. 그래도 정신만은 멀쩡한 게 다행이다.

사람은 정신과 육체로 구성된 귀중한 생명체다. 허나, 정신과 육체가 모두 건강하기는 쉽지 않다. 스티븐 호킹 박사는 육체가 허약하여 휠체어에 의지하고 살지만 정신이 건강하기에 물리학의 거두로 우뚝 섰고, 베토벤은 귀먹은 장애인이면서도 불굴의 정신이 있었기에 천고에 남을 악성樂聖이 된다. 그러나 세계를 지배했다던 로마의 황제 네로는, 육체는 멀쩡했지만 정신이 타락했기에 폭군으로 전락하여 폐륜을 일삼다가 권좌를 잃고 종말을 맞았다. 허약한 육체는 치유될 수 있지만 부패한 정신은 살아남지 못한다. '로마는 하루아침에 망하지 않는다' 는 말도 괜한 말이 아니라, 그때의 전설을 풍자하여 회자된 것이리라.

인간의 삶은 홍망성쇠를 거듭하며 흘러간다. 누구나 더불어 흘러감은 어쩔 수 없지만, 남에게 손가락질을 받으며 썩어가지는 말 일이다. 문학은 언제나 그들을 지켜보며 기다린다. 그들이 겪은 삶의 역사를 기록하기 위하여.

*2015. 4. 20.

김년균 시집_ 사람을 생각하며

초판 인쇄 | 2015년 9월 20일
초판 발행 | 2015년 9월 30일

지 은 이 | 김년균
회 장 | 서정환
발 행 인 | 정종명
편집주간 | 차윤옥

펴낸곳 | 도서출판 계간문예
주소 | 03131 서울 종로구 삼일대로 32길 36 운현신화타워 305호
편집부 | 03132 서울 종로구 삼일대로 30길 21 종로오피스텔 808호
전화 | 02-3675-5633, 070-8806-4052
팩스 | 02-766-4052
이메일 | munin5633@naver.com
등록 | 2005년 3월 9일 제300-2005-34호
ISBN 978-89-6554-120-2
ISBN 978-89-6554-118-9 (세트)

값 10,000원